目で見る聖書の歴史

聖地の物語

ピーター・ウォーカー

いのちのことば社

4,000年前の時代、アブラハムにとって、それはどれほどのことだったのか。

カナンの地まで歩いて行かなければならないとは――……

地理を少しでも調べてみれば、そこがどんな地かわかるだろう。

中央に丘陵地帯が延びるこの地域は将来、戦略的に重要な意味を持つことになる。

北の境界は、峻厳な山塊、ヘルモン山。

南の境界は、広大なネゲブの荒野。

東には新鮮な水が流れるヨルダン川があり、
西は地中海に面している。
ことによると、この地には、
とてつもない可能性が秘められているのではないか。

アブラハムは信じた。──私が信頼するお方である神ご自身が、

私をその地に導いておられるのだ。

そして、この地が世界に対して果たすべき役割を示そうとしておられる。

アブラハムは告げられた。──あなたの子孫によって、

「地上のすべての民族は祝福される」と。

神はこの地をお用いになる。ご自身の目的を果たすために、

ご自身の物語を伝えるために。

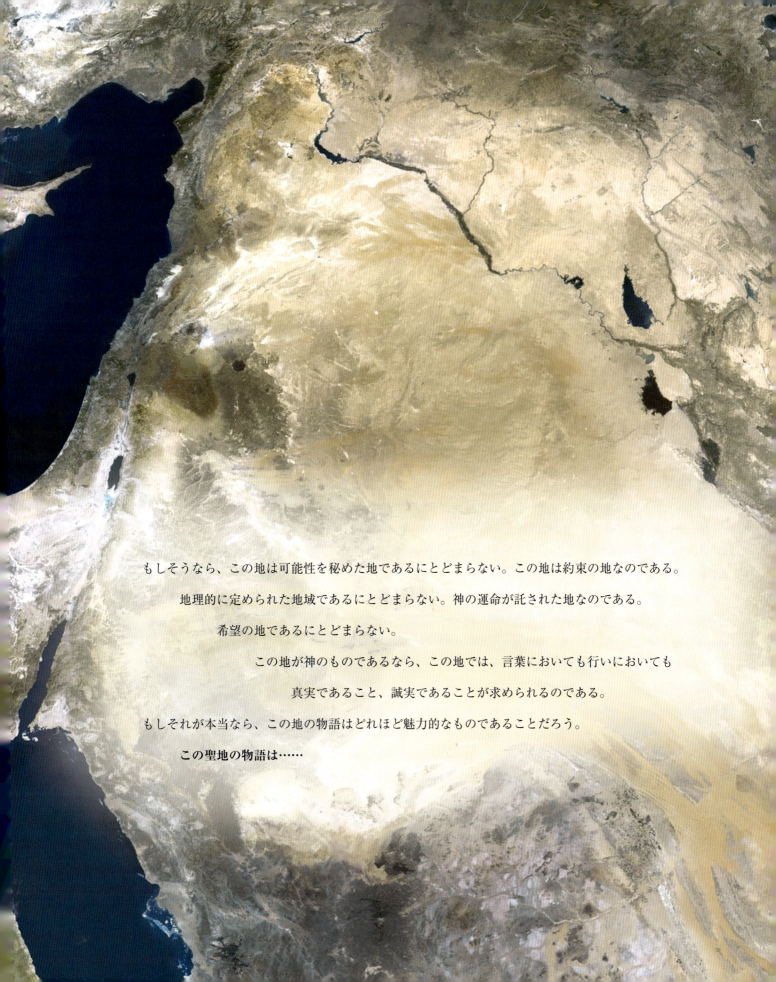

もしそうなら、この地は可能性を秘めた地であるにとどまらない。この地は約束の地なのである。

地理的に定められた地域であるにとどまらない。神の運命が託された地なのである。

希望の地であるにとどまらない。

この地が神のものであるなら、この地では、言葉においても行いにおいても

真実であること、誠実であることが求められるのである。

もしそれが本当なら、この地の物語はどれほど魅力的なものであることだろう。

この聖地の物語は……

聖地の物語
目で見る聖書の歴史

歴史の鍵を握る7つの時代

第1章　カナン人とイスラエル人（前1950－前1050年）

族長の時代　14

征服の世紀（前1260-前1180年）　22

約束の地への入植　28

第2章　諸部族と王たち（前1050－前587年）

サムエルとサウルの時代　36

最盛期（前1020-前930年）　40

衰退と滅亡　46

第3章　難民とギリシャ人（前587－前40年）

捕囚の時代　54

帰還の世紀（前530-前430年）　58

ギリシャ人とローマ人　62

第4章　重大な100年間（前40－後70年）

ヘロデ大王　72

ナザレのイエス　78

初代教会とエルサレム陥落　86

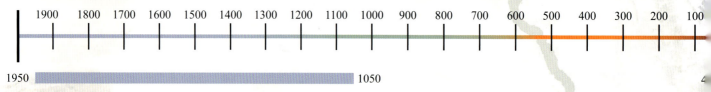

第5章　ローマ人とビザンティン帝国人（後70－630年）

　　破壊の余波　96
　　コンスタンティヌスの100年（310－410年）　100
　　ビザンティウムの支配　108

第6章　イスラム教徒と十字軍（630－1291年）

　　イスラム世界の到来　118
　　十字軍の100年間（1099－1184年）　126
　　サラディンと十字軍の最期　132

第7章　オスマン帝国人と西欧人（1291－1948年）

　　マムルークとオスマン帝国　142
　　帰還の世紀（1820－1917年）　146
　　イギリスの委任統治　154
　　それから……　164

Further Reading 172
謝辞　173
聖地地図　174

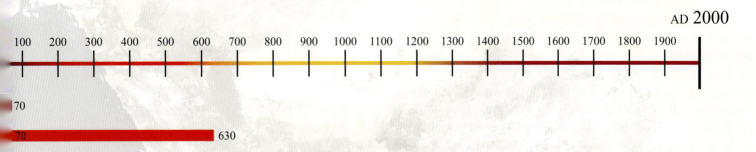

第 1 章

カナン人とイスラエル人
（前1950―前1050年）

アブラハムは南方へと進んだ。まだ見ぬ地を目指して。
孤独な旅、というわけではない。妻と一族の者たちが随行している。
アブラハムには、信仰という道連れもあった。アブラハムが信じるのは――
道中を守ると約束してくれた神、そしていつか遠い将来に、
その土地をアブラハムの子孫に与えると約束してくれた神だった。

族長の時代

聖書はアブラハムの登場から、聖地の歴史を語り始める。以後、聖地を舞台として、さまざまなドラマが繰り広げられていく。私たちは優れた小説を読んだときと同じように、登場人物やその家族、この場合はアブラハムとサラの視点を通して聖書の世界に親しみ、太古の出来事を現実のこととして体感することができる。想像力を働かせれば、私たちの仲間である人々が望んだこと、葛藤したことを自らのこととして体験することもできるのだ。

アブラハムの一族はその地に、ハランという北方450キロほどに位置する都市から向かおうとしていた。一族のルーツは、はるか東方のカルデヤのウルにあった。ウルはメソポタミア地方の平野部、ユーフラテス川流域に位置する。この新しい地は、ウルとはどう違うのか。

第一印象

この地は全く、ほとんどすべての点で異なっていた。アブラハム一族は中央の丘陵地帯を進みながら、衝撃を受けていたことだろう。目の前には起伏に富んだ丘（当時は樹木に覆われていた）が広がり、何よりもこの地では、おも

な水源を、父祖の地とは違って川にではなく、空に求めなければならないのだ。この地には毎年6か月、地中海からの温暖な南西風によってもたらされる断続的な降雨があった。緑にあふれた肥沃な土地であったが、この地の灌漑は天から行われていたのである。

　アブラハムは後に（死海付近を訪れるとき）、この地を流れる卓越風によって雨蔭（ういん）が引き起こされていることにも気づくことになる。丘陵が東へとなだらかに下るにつれて、雨雲は消えていくのだ。その下の地域は荒涼とした荒野となる。そのような事情で、アブラハムのような遊牧民の羊飼いにとって、旅をするのに最適の場所は、この中央丘陵地帯の尾根伝いであることは明らかだった。そこには家畜の羊やヤギに適した広大な放牧地があり、しばらく滞在することになれば、穀物の収穫も大いに期待できたのである。

左：死海の南西部の荒れ地。ソドムとゴモラの物語（創世19章）と関連づけられている。

右：ナンナ神に奉献された壮大な神殿。前2100年頃、ウルに建てられた。ウルは現在のイラク、古代の「メソポタミヤ」（ティグリスとユーフラテスという2つの「川の間」という意味）にあった都市。

下：肥沃な丘陵地帯。前3千年紀に造成された段々畑が見られる。アブラハムもここを訪れた。

聖地の物語

物語の始まりは小さな舞台から

　創世記に登場する町のほとんどが山の尾根に位置しているのは、そのような事情による。アブラハムが祭壇を築いたのも、シェケムとベテルだった。また、甥のロトがヨルダン渓谷の死海付近（ソドムとゴモラの地域）に住むことを決めた一方で、アブラハムはマムレとヘブロン（アブラハムとサラはヘブロンに埋葬される）の地域で生涯の大半を過ごした。アブラハムの子イサクと、孫のヤコブとエサウも同様に、それぞれの時代、シェケム、ベテル、ベツレヘムに住んだ。アブラハムとイサクは両者共にベエル・シェバ（同じく山の尾根だが、はるか南に位置する）を訪れている。物語の舞台がこの中央丘陵地帯から移るのは、アブラハムとヤコブが親族から自分や息子の妻を見つけるためにハランに住む親戚と接触するときだけである（リベカはイサクのもとに連れて行かれ、ヤコブはラケルをめとるために何年も働いた）。

　しかしアブラハムにとって、これらの町々はどれもメソポタミア（すでに1,000年も前から強大な文明の中心だった）に比べ、きわめて小規模に見えていただろう。この地域全体で最大の都市はハツォルだった（44-45頁参照）。ハツォルはダマスコの方向に北上したところに位置する。海岸沿いには一連の商業中心地があり、地中海世界、とりわ

左：アブラハム（サラは隠れている）がマムレの樫の木のそばで3人の客をもてなした話（創世18章）は、キリスト教徒によって神の三位一体を指すものととらえられてきた（イタリアのラヴェンナにあるサン・ヴィターレ聖堂内のフレスコ画に描かれたもの）。

下：シェケム（アブラハムとヤコブに関連する町であるが、ヨセフの埋葬地でもある。創世12:6、33:18-20、ヨシュア24:32参照）は、前19世紀に栄えた。これらの壁（と城門）はそれから約200年後に建てられた。

上：創世32-33章には、ヤコブがこの地から遠くへ旅し、その後戻るときにヤボク川（ヨルダン川の東）近くで起こった、ヤコブの生涯における2つの重要な出来事が描かれている。すなわちベテルでの神との遭遇と、兄エサウとの和解である。

けエジプトとの交易が行われていた。一方、丘陵地帯は主要な通商路からはるかに遠ざかっていた。この緑の肥沃な土地は、どちらかと言えば人影もまばらな辺境の地だったのである。

近年の考古学的研究によれば、この地（前2000年以前から「カナン」と呼ばれていた）は著しい人口の減少を見た。前2700年には15万人ほどだった居住者が、前2000年までに10万人ほどにまで減少しているのである。第3千年紀の終わりの数世紀（初期青銅器時代第4期に区分される）は、非都市化の時代、一種の暗黒時代と言われている。それは特に、この丘陵地帯にあてはまる。

　その理由は今のところ、はっきりとはわかっていない。軍事的侵略がなかったとしたら、なんらかの社会的崩壊があったのか、通商の形態が変化したということかもしれない。いずれにせよ、これがアブラハムとサラが遭遇した状況である。そして、アブラハムのような人々は、ほかにも大勢いた。それがエモリ人（アッカドの言葉で「西方の人」を意味する）である。エモリ人は北方から下って来て、半遊牧生活に落ち着いた。アブラハムは、ゆるやかな速度で移動して来た人々の中にいたのかもしれない。丘陵地帯は、人口の流入を待つ空白地帯だったのだ。

　これほど昔の時代のことになれば、この地の初期の歴史を再構築しようとしても、不明な点が多いのは避けられない。それでも聖書の伝承はハランから移住して来たイスラエル人の祖先は強大になったと伝えていて、数世代下ってからも人々はなお、「私の父は、さすらいのアラム人」（申命26:5）という言い回しをしている。これはアブラハムが住んでいたハランの人々が、次第にアラム語を話すようになったからである。アブラハムが移住した年代については、創世記の物語の中に中青銅器時代の一般的な特質に合致する記述が幾つか見られる。その例として、族長たちの特徴的な名前（後の時代には見られない）、半遊牧民の生活様式、政治的空白などが挙げられる。

上：ベエル・シェバにあるこの古代の井戸（1919年冬撮影）は、アブラハムと族長たちによって利用された可能性が高い（創世21:31参照）。

上右：エリコ出土の素焼きの壺。前1750-1500年。

右：エリコでの発掘により、前6000年頃建てられた壁の跡が見つかった。

カナン人とイスラエル人（前1950—前1050年） | 19

沈黙の時代

　前17世紀中頃には小規模な再興が起こる。重要な小都市が、ハツォル、アシュケロン、ラキシュ、エリコ、メギド、ベテ・シャン、ゲゼル、シェケムに繁栄し始めるのである。しかし、アブラハムが移住した丘陵地帯に属しているのはシェケムだけである。これらの都市には重要な発展が見られる。例えば、非常に印象的な要塞があり（ベテ・シャンについては

12-13頁を参照)、囲いのある貯水槽があり、洗練された排水設備があり、さまざまな宗教関連の工芸品があり、社会の中枢を担う人々のための公共施設があった(ハツォルとシェケムとラキシュには王宮が建てられた)。

一方考古学者は、前1500年頃までに、文化的発展が徐々に後退していった様も確認している。原因ははっきりしていない。飢饉かもしれないし、エジプト人がアヴァリス(ナイル川のデルタ地帯にある)の重要な通商拠点を征服したことによる影響かもしれない。あるいは特にトトメス3世がカナンを進軍したときに被った被害によるのかもしれない。

続く300年ほどの期間(前1500-前1200年。後期青銅時代として知られる)、これらの政治的な変化は、明らかにエジプトの支配下にあった主要な通商ルート沿いの地域には相対的な繁栄をもたらしたが、カナンの中央丘陵地帯はなおも衰退し続けた。最近の研究(前14世紀のアマルナ文書に関する)によれば、この時期カナンには、30に上る小規模な都市国家が存在し、互いに30キロほどの間隔があった。しかし各都市は境界を巡って紛争を繰り返し、エジプト支配下で実施された徴税は急激な人口減少を引き起こした。そのようにしてカナンの中心地からは、生命が失われていったと言ってもよいだろう。

アブラハムの子孫が別の地に住むことを余儀なくされ、何世代かを経て戻って来たとき、この地はそのような状況になっていた。それについては、次章で見ることにしよう。

左:狭い所では、ヨルダン川は幅が10-15メートルしかない。

征服の世紀（前1260- 前1180年）

アブラハムの時代から500年ほど経た頃、アブラハムの子孫は想像もできなかった見知らぬ場所、エジプトに住んでいた。彼らはヘブル人と呼ばれていたが、ほどなくイスラエル人とも呼ばれるようになる（「イスラエル」はアブラハムの孫ヤコブに与えられた新しい名で、ヤコブが「神と格闘した」ことに由来する）。彼らのうち大多数の者はナイル・デルタの東端（ゴシェンと呼ばれる地域）に住み、ファラオ・ラムセス2世による大規模な建設事業に奴隷として従事し、煉瓦と瀝青を用いて働いていた。彼らは一体どうしてエジプトに来ることになったのだろう。

聖地を離れる

　それは飢饉のためであった。前述したように、カナンの地は降雨によって肥沃な地となるが、雨が十分に降らなければ移住するしかなかった。ヨセフ（アブラハムの曾孫）が捕らえ移されたことをきっかけに、アブラハムに連なる一族は西方に移動してエジプトの「穀倉地帯」、ナイル川流域のデルタ地帯に移住したのだった。これで少なくとも水の供給に関して、期待を裏切られることはない。

　この移住が行われたのは、エジプト学者が第2中間期（前1700- 前1542年頃）と呼ぶ時期か、それ以前、下エジプトがヒクソス（「外国の統治者たち」。アジアから移住して来た人々）に占領されていた時代だったと思われる。エジプト人によってヒクソスが駆逐され、ヒクソスの通商の拠点だったアヴァリスが破壊された後、エジプトの「新王国」（18王朝）が始まった。イスラエル人にとってそれは、運命の劇的な逆転を意味していた。イスラエル人はもはや歓迎されず、よそ者であり、移民労働者として過酷な労働を課されることになる。

右：ラムセス3世（前1186- 前1155年）葬祭殿の円柱。創世37-50章は、ヨセフが（この数世紀前に）奴隷として売られたものの、ファラオの右腕になり、このようなエジプトの権力のしるしに取り囲まれるようになるまでを書いている。

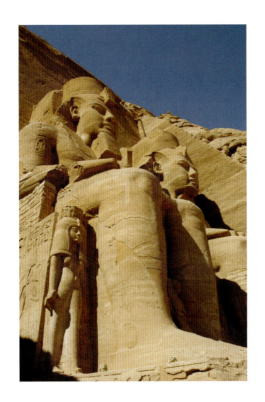 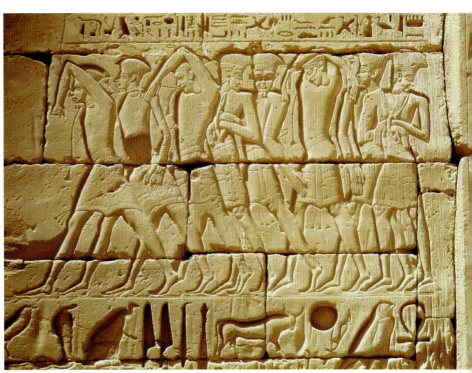

耐えきれない圧政

　前1320年頃、エジプトの為政者たちはアヴァリス再建に着手した。そのため、緊急に費用のかからない肉体労働力が必要となった。前1279年にはラムセス2世が首都を新たな場所に移し、そこに自分の名前をつけて（出エジプト1:11のラメセスあるいはラムセス）、建設事業を始め、圧政が強まった。前1250年頃には、イスラエル人の境遇は耐えがたいほどになっていた。激化していく圧政から救われるようにというイスラエル人の祈りは、果たして聞かれるのだろうか。どうしたら逃れることができるのだろうか。

　当時の状況を考えると、エジプトからの脱出はきわめて困難なことだったことがわかる。彼らは父祖たちの言い伝えで、東方にある肥沃な土地の物語を繰り返し聞かされていただろう。しかし、そこへ行ったことのある者はほとんどいない。それらの話はあまりに大げさなのではないか。この、カナンがあるとされる地に向かう唯一の経路は海岸沿いの道（海の道）だが、ここはファラオの前哨部隊が厳重に警備していた。ファラオが彼らを解放してくれるだろうかと考えるなら、そんなことはありえないとしか思えない。しかし、それは起こりうる——彼らは後に告白した——神が共にいてくださるなら。

上左：ラムセス2世（前1290-前1224年）葬祭殿の入り口にある4つの巨大な石像。

上右：ペリシテ人捕虜が描かれた石のレリーフ。ラムセス3世葬祭殿（メディネト・ハブ）の出入り口に描かれている。

劇的な救出

　このようにして、歴史上類を見ない救出の物語が始まった。これがエジプトからの脱出、「出エジプト」である。これは贖いの話、すなわち奴隷状態から自由にされる解放の物語である。力と力がぶつかり合い、抑圧者が敗北を喫する。これは冒険の物語でもある。行く手には、来る者をこばむ未知の荒野が広がっていた。通る道もない荒涼とした地で、人々は勇敢に行動するが、一方で弱さや愚かさや不信仰を露呈する。目を見張る「偶然」や奇蹟があり、人々はそれを、彼らが新たに見出した神によってなされたわざにほかならないと解釈する。彼らの子孫は当然のように、この出来事を毎年祝い、あたかも自分がそこにいたかのように追体験し、来るべき世代にこの物語を語り継いでいく。この物語は民族の礎となる壮大な、比類のない出来事であり、後のイスラエル人の特徴を形成し、国家的、宗教的アイデンティティーとなった。

　このドラマはモーセ（ヘブル人の両親のもとに生まれるが、神の摂理によってファラオの家庭で育てられることになり、エジプト風の名を与えられた）に始まる。モーセはひとりで荒野へ出て行き、アブラハムの神との出会いを経験する。神はヤハウェ（わたしはある）という新しい名でモーセに自身を現した。新たに使命を与えられたモーセは、兄のアロンを伴ってファラオのもとへ戻る。そして成功の見込みが小さいことを感じつつ、ヘブル人の解放を要求した。しかしそのとき、エジプトの地に災難が降りかかる。9つの天災が9か月（7月から4月）にわたって起こった。

イスラエル人をとどめておきたいというファラオの決意は揺るぎ始め、ついには崩れ去る日が来た。その日、夜が明けると、エジプトの家々で（ファラオの家庭も含め）、長子が死んでいたのである。これが後代の人々が記憶にとどめることになる「過越」の出来事である（出エジプト12章によれば、ヤハウェはエジプトじゅうを行き巡りながら、恐るべき裁きを下していったが、イスラエルの子どもは「過ぎ越して」いった）。

かくしてイスラエル人はエジプト脱出を果たした。葦の海という危険な沼地では、奇蹟によって安全な通り道が与えられた。ほどなく彼らはシナイ山に着いた。ヤハウェはシナイ山で自らを力強く現し、十戒を与える。十戒は、この新たに贖われた人々の礼拝と生活を規定する、簡潔であ
りながら奥深い規則である。続いて彼らはカデシュ・バルネア（死海の南端から110キロ程度の場所に位置する）に到着する。ここで彼らは斥候（カナンの地を調査するためにモーセが派遣しておいた）からの報告を聞いて、怖気づいた。そのため、さらなる回り道をたどることを余儀なくされる。この間の事情は、民数記に記されている。

下：シナイ半島（スペースシャトル・コロンビアから望む景色）。イスラエルの民に課せられた働きの大きさを感じることができる。

カナン人とイスラエル人（前1950—前1050年） | 25

上：シナイ半島南部にある、伝統的にシナイ山（ジェベル・ムーサ）とされる場所。燃える柴（出エジプト3:2）の場所と考えられている場所には聖カタリナ修道院（ギリシャ正教、6世紀建立）があり、そこの図書館には貴重な古代書物が納められている。

左：ドゥラ・エウロポス（現在のイラク）のシナゴーグから見つかった壁画（245年頃）。モーセとアロンが葦の海を通ってイスラエルの民を導いていく姿を描いている。

入植に備えて

結局、ようやく一世代(聖書の用語では「40年」)が過ぎてから、彼らはネボ山に着いた。そこからモーセとイスラエル人は西方を眺め、これまでの旅路の目的地である約束の地を、ついに見渡すことができたのだった。

この新世代のイスラエル人には、おそらく真の困難はまだ始まったばかりだという実感があっただろう。彼らはここから下っていき、ヨルダン川を渡り、古代エリコと丘陵地帯にある小さな町々を獲得しなければならないのだ。この任務はヨシュア記(ヨシュアはモーセの後継者でイスラエルの指導者)に記されているが、このためには従順が求められ、訓練が必要だった。また、限定された規模であったにせよ、戦わなければならなかったし、土地を開拓するために多くの技術を習得しなければならなかった。

しかしモーセにとって、これは別れの時だった。イスラエルの偉大な指導者モーセ(以後、「神の友」として記憶されることになる。出エジプト33:11参照)は、この地に入る前に死んでしまうのである。それゆえモーセは感動的な最後の説教(申命記に記されている)においてイスラエル人に、この地へ入った後も、あなたがたを贖ってくださった神を忘れず、心を尽くし、思いを尽くし、力を尽くしてあなたがたの神、主を愛せよ(6:5)と訴えている。

上:ツィンの山付近の荒野に広がる岩だらけの平野(ネゲブ砂漠の、イスラエル人が宿営したカデシュ・バルネア付近)。

右:モーセの見た風景の今日の姿。ネボ山からの景色。ヨルダン渓谷が眼下に広がり、「約束の地」の丘が対岸に見える。

約束の地への入植

若い女性が収穫を運び入れるのを手伝っている。のどかな風景が広がっている——夕刻前の傾きかけた日差しの中で、若い羊飼いたちはのんびりと羊の群れを見守っている。しかしこの女性の様子はどこか違う。この女性は外国人であり、どこか決然としている。

平穏な田園といえるのか

女性の名はルツで、聖書中の一書ルツ記はすべて、ルツの物語となっている。ルツ記によれば、ルツは敵国モアブの出身であったが、若くして未亡人となり、義母と一緒にベツレヘムにやって来た。しかし最後には、穀物を収穫した農地の所有者ボアズと結婚して、息子を産む。そしてこの子供が、羊飼いの少年ダビデの祖父となる。

時はイスラエル人が約束の地に入植してから150年ほど経った頃のこと、こうした田園生活の牧歌的な光景からは、平穏無事な様子ばかりが窺われる。しかし、実際はそうではない。入植当初のイスラエル人には問題がなかったとは、とても言えない（ヨシュア記参照）。各部族は分散して約束の地を開拓したが、今では部族間に一触即発の緊張関係があった（士師記参照）。さらに飢饉もあった。ヤハウェはご自分の民を忘れてしまったのだろうか。神は指導者を遣わして、この混沌に秩序を与えてくれるだろうか。この問いに、ルツ記の著者は明確な答えを出している。イスラエルの神は今でも働いており、小村の日常生活の出来事にすら関わり、ご自身の目的を果たそうとしている、と。

ベツレヘム近くの羊飼いと羊の群れ。

移動する住民

イスラエル人は、この地に足を踏み入れるとすぐに、さまざまな困難に直面した。樹木に覆われた中央丘陵地帯は住民もまばらであったが、小さな町や村に居住するカナン人は、これらの侵入者を快くは歓迎してくれなかった。エリコとアイでの戦いは避けられなかった。それからエルサレム周辺のヒビ人とエブス人の地域でも、争いは起きた。その後何年もしてから、イスラエルが北へ進軍したときにも、小規模な衝突を繰り返した。そのような、聖書の最も古く、最も劇的な物語の1つが、士師記に記されている。この戦いでイスラエル人は（前1110年頃）、バラクと、デボラという熟練した勇敢な女性の指揮の下、北方に位置するイズレエルの谷（穀物の重要な生産地）を奪取した。

抵抗は、西海岸に住む人々からも起こった。前1180年頃、海の民（この中にはギリシャ本土の紛争を逃れてきた人々もいた）がやって来て、カナンの南西に位置する5つの都市を占拠した。これらの異なる集団はみな、住む場所と耕す農地とを必要としていたので、緊張関係が生まれることは避けられなかった。

100年後、ペリシテ人と呼ばれる海の民の子孫は、丘陵地帯に国家を築いたイスラエル人に甚大な威圧をかけることになろう。この時期のいずれかの時に、イスラエルの一部族（ダン）に属するある一団が、もともとは地中海の沿岸に領地を割り当てられていたにもかかわらず、はるか北（ヘルモン山の麓）に移住することを決断した。イスラエルの部族にとっては、北方へ領土を拡大するほうが、西方に領土を拡大するよりも明らかに簡単だったからである。

上：ユダヤの丘で小麦を収穫する女性たち。

右：古代ナザレのすぐ外にある脱穀場で働く人たち。

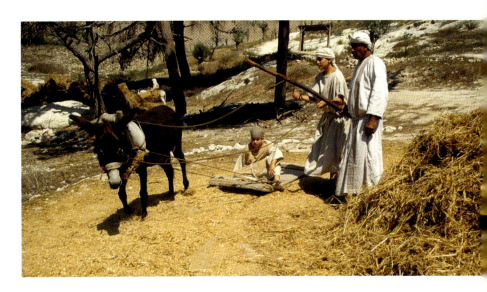

遺跡は語る

この時代の考古学的な証拠からは、興味深いことがわかる。複数の町が火災によって焼失した跡が残っているのだが、その跡は200年以上にわたる期間の間に、何の規則性もなくあちこちの時点で作られた。したがって、これらの焼失がみな、イスラエルの侵略によって引き起こされたとは、とても言うことはできない。

しかし人口が増加した形跡が確かに見られ、特に北方の丘陵地帯であるサマリヤ地方（エフライム部族に割り当てられていた）では顕著である。ある考古学者の推定によれば、前1200年頃までに、この地方の村や、城壁で囲まれていない居住地の数は、一世代のうちに、23箇所から114箇所に急増し、人口も14,000人から38,000人に増加したという。イスラエル人は、カナン人を重要な都市から追放して、その代わりに住むことはできなかったとしても、以前には占領していなかった土地で入植を進めたようである。このように新たに定住できるようになった鍵となる要素は（考古学で十分に証明されているように）、蓋のある貯水池（水を貯えて、土地を灌漑するため）を新たに使うようになり、また丘の中腹に段々畑も増やしていったからである。

上右：北部に移ったダンの土地。ヘルモン山のふもとに広がる。

上：エフライム族によって開拓された、北部の丘陵地の段丘。

左：デボラとバラクに指揮された1万人のイスラエル兵はタボル山から下り、イズレエルの谷でシセラが率いるカナン人に打ち勝った（士師4-5章）。

また考古学からわかるように、文化においては深刻な衝突はそれほどなかったようである。陶器の様式はそのままだが、おそらく職人の技術が幾らか落ちたようである。それで、おそらくイスラエル人が戦わずに占領したと思われる町においては、考古学者もこの変化を容易には見抜けない。しかしそれでも、際立った事象が幾つかはある。前1200年頃以降には、その地域の神殿は1つも再建されていないし、願懸けに使う小さな立像も作られなくなった。また意義深いことに、発掘される豚の骨の数が、劇的に減少した。これらの新しい定住者は豚肉を食べなかったようである。

奮闘と妥協

ならば明らかに、イスラエル人は自分に特有の宗教信条を持ち込んでいた。荒野で痛い思いをしつつ学んだすべての教訓を、イスラエル人は忘れなかった。それで、前12世紀の間にイスラエル人は儀式を行う中心地として、シロを築いた。そこに固定した社殿を建設して、以前から使っていた携帯用の天幕の代わりとした。「契約の箱」もそこに安置した。おそらく、もしイスラエル人が自分の価値観を固守したならば、その土地に住んでいる他国人（あるいは他の新来者）で、この新しいイスラエルの信仰に心を惹かれた人は、やがてイスラエル人の共同体に加入していたかもしれない。

だがモーセが警告したように、妥協は常に危険である。もし事がイスラエル人にとってうまく運び出したら、ヤハウェを簡単に忘れるだろう。異教の礼拝と価値観とが忍び込み、宗教混淆も起きるだろう。だが異郷の価値観は、倫理的な水準が低い。それゆえにこれはイスラエル人にとって、最初の軍事的な戦闘よりも、はるかに長引く戦場になるだろう。それでヨシュアは戦役を終えるとき、中心地のシェケムに諸部族を集めて、ヤハウ

上：シロのとがった丘。イスラエルの契約の箱は、ソロモンの時代より前の数百年間はここに保管されていた。

左：ゲリジム山（手前。66-67頁も参照）向こう側の、古代シェケムの跡（16頁参照）の上にはエバル山が見える。

右：戦勝を記念する石板の中で「イスラエルは壊滅させられた」と誇るファラオ・メルエンプタハ（前1213-前1203年在位）。

ェに仕えるという「契約の更新」をした（ヨシュア24章）。ゲリジム山とエバル山という目立つ双子の山頂を見上げて、ヨシュアは訴えた。「あなたがたが仕えようと思うものを、どれでも、きょう選ぶがよい」（15節）。

「私たちも……主に仕えます」と民は確約したが、いつもそうとはいかない。士師記にあるように、「めいめいが自分の目に正しいと見えることを行っていた」のである。

何人かの指導者は深刻なまでに妥協した——サムソン、エフタ、英雄ギデオンさえも。人間的な次元でイスラエル人が必要としていたのは、政治的にも宗教的にも強力な指導者であり、またイスラエル人を国家として、ヤハウェを礼拝する民としてまとめてくれる人物だった。

だからルツ記の著者は、ベツレヘム郊外の農地で起こった出来事に、そこまで興味を持ったのである

第2章
諸部族と王たち
（前1050―前587年）

1人の女性が立ったまま、つぶやいている。
そばで椅子に座っていた老人は、女性が酔っているのではないかといぶかる。
実は女性は祈っている。毎年、ここシロにあるヤハウェの宮に来ては、
来年の今頃には子供がいるようにと願っていたのである。
翌年には、嬉しいことに、息子が生まれることになる。

サムエルとサウルの時代

これもまた聖地の長い歴史の中では、些細な一こまにすぎない。しかしそのような一こまから、歴史が創られる。数年前にベツレヘムにいたルツがそうであったように、この女性ハンナも重要な子供すなわち預言者サムエルを生むことになる。

王を求めて

この時代は、「国家」になりつつあったイスラエルにとって、移行期ともいえる重要な時期だった。イスラエル人が、約束の地全体に広がって200年近くが経ち、何らかの中央集権が起こってもいい機が熟していた。サムエルは、後見人である老祭司エリのもとにシロで成長し、後に自分自身が諸部族の有能な指導者になると、民の執拗な要求に応えて、最初にサウルを、次に若いダビデを王として油を注いだ。

民は忘れてしまったのか。神だけが王として民を治めるはずではなかったか（君主政治ではなく神権政治）。民はヤハウェを拒絶していたのか。おそらくそうだ。しかしこれらすべての紆余曲折（サムエル記第一に生き生きと描かれている）を通して聖書の著者が感づいているように、たとえ民の動機が不純であっても、神は民の要望を受け入れて、事をうまく運び、よりよい結果を生みだしてくれるのである——それが敬虔な指導者ダビデの登場であった。

下：シロの旧跡。契約の箱が守られていた聖域で、ハンナがサムエルをエリに託した場所（Ⅰサムエル1-4章）。

絶えざる敵

この新しい国家は、絶えず攻撃にさらされた。ヨルダン川の東にはアモン人がおり、西には低い丘にペリシテ人がいたからである。境界線に関する論争と小競り合いとが頻繁に起こったので、サムエルやサウル、その息子ヨナタンはみな、敵をかわさなければならなかった。

この紛争の最中に、忘れがたい出来事が幾つか起こった。その1つは、契約の箱に関する話である。契約の箱(イスラエル人を守るために、シロから戦場へ持ち運ばれたばかりだった)がペリシテ人に奪われ、その神殿(ペリシテ人の神ダゴンに奉献された)の1つに置かれたという知らせを聞いたとき、エリは椅子から落ちて死んだ。しかしその数か月後、ベテ・シェメシュの町は大いに喜ぶことになった。2頭の雌牛がペリシテ人の領土からやって来て、見慣れない積み荷を引いているのを、住民が見たからである。契約の箱は誰も管理していないのに、自ら帰ってきたのである。

もう1つは少年ダビデの話である。陣営にいた兄たちをダビデが訪ねたとき、ペリシテ人の勇士ゴリヤテが発した嘲弄にダビデは反応した。ゴリヤテはイスラエル人に一騎打ちを挑んでいたのである。いかなる甲冑も身に着けずに、幾つかの石と投石器だけで武装したダビデは、勇敢にも前へ進み出た。石がゴリヤテの額に命中すると、そのペリシテ人は倒れて死んだ。イスラエルの敵は逃げ出し、ダビデの名声は上り始めた。

上:ダビデがゴリヤテと戦ったエラの谷。

右端:ベテ・シェメシュ(すなわち「太陽の家」)。イスラエルの民に主の箱が戻された土地(Ⅰサムエル6:9-18)。

右:小型の素焼き像(13センチに少し足りない高さ)。「アシュドダ」と呼ばれ、アシュドデのペリシテ人が拝んでいた女神を表したもの(前12世紀)。

敵対と悲劇

　しかしサウル王は絶えず不安で、今やひそかに妬んでいたので、この事態を受け入れることができなかった。しばらくの間、ダビデは王宮にいることを認められたが、最後には命を狙われたので逃亡した。まずはユダヤの荒野に身を隠し、それから信じられないが、ペリシテ人の間にも避難した。そこだけが、被害妄想で激怒しているサウルの魔の手から逃れる唯一の安全な場所だったからである。

　サウルの生涯は、輝かしい時期と約束とによって彩られていたが、最後に至って、自分が愚かなことをしてきたと悟った。人生の最後の48時間、戦いの前夜にサウルはひどくおびえて、霊媒師に相談し、自暴自棄になって、死んだサムエルから助言を得ようとした。それからペリシテ人を迎え撃つためにギルボア山に向かい、そこで致命傷を受け

た。サウルは道具持ちに、剣で刺してくれと頼むが、結局は自らを刺し殺した。

　悲劇的な最期だった。ダビデも、次に王になるのだが、悲嘆に暮れた。「ギルボアの山々よ。……勇士たちは倒れた……サウルもヨナタンも……お前の高き所で殺された」。しかし今やこのおかげで、何にも妨げられることなく、ダビデは素晴らしい統治を始められるようになった。

下：サウルとヨナタンが戦死したギルボアの山や丘を西に望む（Ⅰサムエル31章、Ⅱサムエル１章）。

最盛期（前1020- 前930年）

このようなわけで、新しい王が戴冠した。サウルが死んだので、ダビデは故国に戻り、指導力を発揮し始めることができるようになる。当初、ダビデは南の地方だけを統治していた（7年間、ダビデはヘブロンを拠点とした。ここは族長たちの埋葬地である）。しかし次第に、ダビデは北に住む人々も手中に収めていった。これはサウルの子孫に忠誠を示し続けていた人々である。

このようにして、イスラエルの全部族を治める、ダビデのきわめて重要な統治が始まった。この時代は後に、イスラエルの歴史の中でも最盛期だと見なされるようになった。ダビデ（前1010- 前970年頃）とその息子ソロモン（前970- 前930年頃）の統治下で、ヤハウェの民は強力な中央集権的な指導力によって統一され、広大な領域を支配した。そしてダマスコより向こうに住む外国人や、ユーフラテス川の流域に住む外国人からさえも貢ぎ物を納めさせた。

ダビデの宝石──エルサレム

散らされていた諸部族は今や事実上1つの国家にまとめられたので、新しい首都が必要になった。ちょうど大工の棟梁がアーチの頂点に冠石をはめるように、輝かしい戦略上の活動として、ダビデはエルサレムを築くことによって、王国の北部と南部とを統一した。

何世紀にもわたって、エル・サライム（あるいは「平和の都」）はエブス人の町であったが、イスラエルの諸部族が領土を拡張するに従って、カナン人の飛び領土となっていた。しかしダビデはエブス人を一掃して、そこに宮殿を建設し始めた。現代の基準から見ると、「ダビデの町」は非常に小規模である。細長い土地で、おおよそ幅100メートル、長さ300メートルだが、防御しやすく（北側を除くすべての側面を険しい谷に囲まれていた）、すぐ南では真水を常に絶やさず供給することができた。この町は国土の脊椎ともいえる場所に位置していたので、ダビデが統治を確立するには理想的な場所だった。

右：ダビデの町（オフェルの丘の上）はキデロンの谷（右側）とテュロペオンの谷（左側）に囲まれ、北の先には神殿の丘がある。

左：ユダ族の丘陵地（エルサレムから南東に15キロ）からテコアの村を望む（左側中央）。ヨアブは「テコアの知恵のある女」を用いて、アブシャロムをエルサレムに戻すようダビデを説得した。

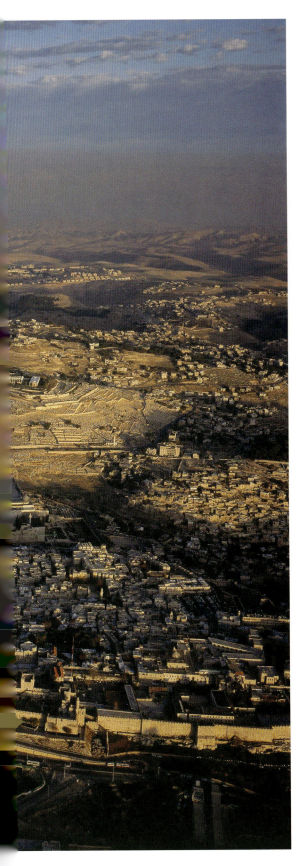

国内の問題

しかしすべてが平穏だったわけではない。ダビデはペリシテ人とアモン人の双方を打ち負かすことはできたが、イスラエル自体は不穏だった。国内情勢が不安定だったので強い指導を必要としていた。サムエル記第二の生き生きとした記述を読むと、国外の戦場では成功を収めた武人王ダビデは、国内を平穏にするためには戦いたくなかったように見える。難しい措置はたいてい司令官ヨアブに託された。

宮廷やダビデ自身の家庭の中にも、問題があった。バテ・シェバと姦淫を行い、その夫ウリヤを死なせただけではなかった。息子たちの間には苦々しい反目があり、王位継承についても不透明な状況にあった。息子の1人アムノンは腹違いの弟アブシャロムの妹を強姦したので、アブシャロムは直ちにアムノンを殺した。アブシャロムは父のもとから逃れたが、3年後にダビデは思い直して、アブシャロムがエルサレムに戻るのを許した。しかし父と息子は、さらに2年間会うことがなく、その後アブシャロムは反乱を起こし、ヘブロンで王位を奪い取った。ダビデはオリーブ山を越えて、荒野に逃れた。アブシャロムは即座にエルサレムの実権を握るが、ヨアブはダビデの部隊を率いて、森林地帯で戦うように導いた。

ダビデは、アブシャロムの命は助けるようにとはっきりと命じた。しかし乱闘の最中で、アブシャロムは樫の木の飛び出した枝に頭を引っかけてしまった。ダビデの部隊がこのことをヨアブに報告すると、ヨアブは引き返して、3本の投げ槍をアブシャロムに突き刺した。この知らせを聞いて、ダビデは取り乱した（「わが子アブシャロム。ああ、私がおまえに代わって死ねばよかったのに」Ⅱサムエル18：33）。そんな反応をするのでは、ダビデのために戦って忠誠を尽くした部隊の面目を潰しているとヨアブに言われて、ようやくダビデは我に返った。ダビデは兵士を励ましたが、重い心持ちでエルサレムに帰った。これはダビデの生涯における、まったく悲劇的な一こまであった。公的には最盛期の最中にあったダビデに突き刺さった、残酷で個人的な刺であった。

心からの祈り

ダビデがその著作のゆえに記憶されるのは正しい。実に70篇以上の詩篇がダビデによって書かれた。幾つかの詩篇には、戦争の雰囲気が漂っているが（詩篇81篇のように）、ほとんどの詩篇は、慕わしい人間味を感じさせる。それはダビデが自分の必要を、神の前に謙虚に訴えているからである。この中には、バテ・シェバとの過ちを告白する詩篇（51篇）や、「私の羊飼いである主」について黙想した最も有名な詩篇（23篇）も含まれる。聖書記者はダビデを記憶して、「主……の心にかなう人」（Ⅰサムエル13：14）と見なしている。もっとも、ダビデの失敗を隠しはしないのだが。

ダビデはまたエルサレムに、ヤハウェのために「家」すなわち神殿を建てたいと願った。しかし（預言者ナタンを通して）示されたように、神はそのことは望まなかった。しかしヤハウェはダビデのために「家」（すなわち王朝）を築き、契約の箱を納める聖所は、ダビデの息子ソロモンが築くことになる。

....

左：夕日に包まれるオリーブ山。ダビデはここの丘を越えて、先に見える荒野に入っていき、息子アブシャロムから逃れた。

上:ソロモンやエフーといった王のもとで、戦車がイスラエルでも用いられるようになった。

栄光と献堂式

いろいろな理由があって、ソロモンの統治は人々に記憶されている。国が繁栄を増し加えたこともあるし（このことに心を惹かれて、シェバの女王は国を訪問した）、国土の北部にあるさまざまな町（ハツォルのような）を要塞化して、ダマスコ周辺に住むアラム人を防御したこともあるし、小規模な船隊を建造して、異国の物品を南アラビヤから（おそらくはインドからさえも）仕入れたこともある。しかし聖書記者が関心を寄せるかぎり、いつまでも残るソロモンの遺産は、エルサレム神殿だった。

近くの採石場で石を切り出すと、ダビデの町のちょうど北側の、丘が最も高くなっている場所に神殿を築き、金と青銅との装飾品をふんだんに使って神殿を飾った。さらに注目すべきは、ソロモンはツロの王ヒラムと通商条約も結んでいたので、神殿の屋根をレバノンの杉で造ることができた。ヒラムの労務者は地中海まで材木を引っ張ってくると、次にソロモンの労務者が（1か月に3交替制で働いていた）、木材を海に浮かべて海岸沿いに流し、最後にエルサレムまで来ると水揚げして、町まで運んだ。

7年にわたって多忙な建設工事をした後だったので、神殿の献堂式は大

いに感謝を表す機会となった。はるばる遠方から、また幅広い地域から、人々がエルサレムにやって来て、この無上の偉業をたたえ、まる2週間の祝祭を楽しんだ。ソロモンは祈った。「ご自分の民……に安住の地をお与えになった主はほむべきかな。……主は、……私たちを見放さず、私たちを見捨てられませんように」（Ⅰ列王8:56-7）。

右：モアブの丘から南西にアカバ湾を望む。ソロモン王が船団を置いた、王国の南端。

下：古代カナン最大の都市ハツォルの遺丘、ガリラヤ湖から16キロ北に位置する（ヨシュア11:10、士師4:2など参照）。イスラエル人が占領し、ソロモンの治世に再建されたが後にアッシリヤ人によって破壊された（Ⅱ列王15:29）。

衰退と滅亡

新しいエルサレム神殿の献堂式において語られた、ソロモンのこの偉大な言葉は、イスラエルの歴史の中でも偉大な絶頂期を画している。しかしこれ以後、イスラエルは下降線の一途をたどる。

少なくとも、列王記第一・第二の記者はそのように見ていた。ダビデとソロモンとの後に従いた君主たちを描きながら、イスラエルが着実に衰退していく様子を聖書記者は物語っている。この物語において顕著なのは、不和であり、分裂であり、そして（致命的なことに）イスラエルの神に対する不従順であった。ダビデによって築かれた偉大な王国が、なぜこんなにも早く2つの抗争し合う分派に分裂してしまったのか（ソロモンの子供の時代に、北「イスラエル」の10部族が「ユダ」から分裂した）。いったいどうして、この王国は惨害・敗北・絶望のうちに滅んでしまったのか。ソロモン神殿は、不敬虔な軍隊の侵略によって、最終的には崩壊してしまった（前587年）。民が信じていたところでは、神はダビデと重要な約束を結んで、ダビデの王朝を築き、暗闇の中に光る「灯」のようにした（例えば、Ⅰ列王11:36、Ⅱ列王8:19参照）。しかし今や、ダビデの後継者たちが愚かだったために、その灯の光はほとんど消えようとしていた。

上右：丘の上に建つサマリヤの町（後にヘロデ大王が「セバステ」として再建）。

右：サマリヤ地方（または「エフライム」）の緩やかな丘。イスラエル人が住みつく前は、この丘の広がる地域の多くは森に覆われていたと思われる。

左：古代都市サマリヤ（北イスラエル王国の首都、前875頃－前722年）の発掘現場。アハブ（前871－前852年）と妻イゼベル、エフー（前841－前814年）らの住んだ王宮が見える。

分裂した国家

　ヤロブアムという男が反乱を導き、王国を分裂させて、自らがその一方の支配者となった（最初はシェケムを拠点としていたが、最終的に首都はサマリヤの町に移った）。他方、南にいたユダとベニヤミンとの2部族はソロモンの息子レハブアムに対して忠誠を保ったので、レハブアムはエルサレムから統治した。続く2世紀の間、両方の王国は分裂したままであり、クーデターや陰謀もあって、南北両王国の間には、絶えず苦々しい対立があった。

　唯一の例外として、前9世紀の半ばに、ユダの王ヨラムがイスラエルの王アハブの娘の1人アタルヤと結婚したことがあった。しかし、この和解の試みはすぐに破綻して、ユダに大惨事をもたらす結果に終わった。というのもアタルヤはエルサレムで王母として権力を握り、生き残っている王子たち全員を殺害しようとしたが、幼いヨアシュだけが逃れた。ヨアシュはひそかに神殿の庭に連れていかれ、7年間そこで隠れて育てられた。やがて、ある金曜日の晩に、ヨアシュは叔父から王冠を授けられて即位し、アタルヤは群衆によって直ちに殺された。このようにしてユダではダビデ王家の血筋が生き延びたが、ただそれだけのこと

上：アッシリアの書記と兵士。ニムルドの宮殿に描かれたレリーフ（前730年）。

左：古代メギドの遺丘（手前は隠れた水場まで円を描いて下りていく階段）。数々の戦いの場となった。

だった。

　そのように国内には根深い葛藤があった。しかし国境を越えたところでも、問題が醸成されつつあった。南にはエジプト、北東には拡大し続けるアッシリヤ帝国があって、ダビデの後継者が治めていた小さな国は常に、より強大な隣国から攻撃を受け、簡単に蹂躙される危険があった。

　この危険は特に、北イスラエル王国の住民にとって切実だった。なぜなら北王国は、ダマスコとエジプトとを結ぶ幹線道路（ヴィア・マリス、すなわち「海の道」）が国内を貫通していたからである。軍隊がイズレエルの谷に沿って進軍し、メギドを通り過ぎ、カルメル山脈にある狭隘な切り通しの1つを抜けていく騒ぎを、北王国の住民はしばしば聞いた（34-35頁参照）。サマリヤ周辺の丘陵地帯は、幾らか安全だったが、それでも十分とはいえなかった。当初、北の諸部族はダマスコのアラム人の王との抗争に明け暮れていたが、前800年頃から、ダマスコの背後、それも遠方からアッシリヤの脅威が朧げに見えてきた。その高波が押し寄せてきたとき、イスラエル人とアラム人との指導者は慌てて同盟を結び、平和条約を締結したものの、結局は高波を防げるものは何もなく、その波によって頭を叩き潰された。それで前722年には、北イスラエル王国はアッシリヤ皇帝シャルマヌエセル5世によって侵略され、人口の多くは、はるか遠いアッシリヤ帝国の諸都市へすぐ

諸部族と王たち（前1050—前587年）

に連れていかれた。

エルサレムの執行猶予

　これは痛烈な一撃だった。なぜならイスラエルの12部族のうち、10部族が忘却の彼方へと実際に消えてしまったからである。だから南ユダの住民が、自分たちの番はいつ来るのだろうと訊ねたのも理解できる。それからちょうど20年後、ついに終わりが見えてきたように思えた。サルゴン２世（前722-前705年）がシャルマヌエセル５世の後を継ぎ、さらにセナケリブ（前705-前681年）がその後を継いだ。セナケリブはユダの住民に対して軍事行動を起こした。ユダの王がセナケリブに貢ぎ物を納めようとしなかったからである。セナケリブは海岸沿いの道路を南下すると、内地へと方向転換し、ユダの要塞都市ラキシュを包囲したうえで破壊した。次の標的はエルサレムだった。

　前701年のある朝、ヒゼキヤ王と預言者イザヤとエルサレムの全住民が目を覚ますと、城壁の外側にアッシリヤ軍の指揮官が来ていた。３人の住人が遣わされて、指揮官と交渉することになった。アラム語で穏やかに話してくれて、平和的な解決に至ればと願ったのである。しかし指揮官はヘブル語で大声で叫んで、城壁の上にいる住民みなに聞こえるようにして言った。「たとい、ヒゼキヤが、主がわれわれを救い出してくださると言って、おまえたちをそそのかしても、ヒゼキヤに聞き従ってはならない。国々の神々が、だれか、自分の国をアッシリヤの王の手から救い出しただろうか」（Ⅱ列王18:32、33）。そして指揮官は直ちに、アッシリヤの帝王によって征服されたさまざまな町や王国を列挙した。もちろん、その中にはサマリヤも含まれていた。

右端：セナケリブに征服されたラキシュの町。

右：セナケリブの最初の８つの遠征（前691年まで）を記録した六面体の焼いた粘土板文書（テイラー・プリズムとも呼ばれる）。

ヒゼキヤは打ちひしがれて粗布を身に着け、神殿に行って祈った。そこでイザヤはヒゼキヤに、次のような預言の言葉を送った。

> 主はこう仰せられる。「アッシリヤの王……がわたしを冒瀆したあのことばを恐れるな。彼は……自分の国に引き揚げる。わたしは……彼を剣で倒す。……彼はこの町に侵入しない。……わたしはこの町を守って、これを救おう。わたしのために、わたしのしもべダビデのために。」（イザヤ37:6-7、33、35）

はたして事態はそのようになった。エジプト軍が進軍してくるという知らせを聞いて、セナケリブは心配し、一方でラキシュとリブナの付近に宿営していたセナケリブの軍隊は、突然、大多数の兵士が死ぬという惨事を経験した。それでアッシリヤ王は号令を発して本国に退却したが、しばらくして宮廷内のクーデターで息子2人の手にかかって殺された。

光の終焉

エルサレムが経験した猶予期間は劇的なものだった。この信じられない救いの出来事を思い返して、ダビデにゆかりのあるエルサレムの町は不可侵なのではないか、とエルサレムの住民は思うようになった。つまり、イスラエルの神は、いつでもエルサレムを守る、と保証しているのかもしれない、と。しかし、このような、いわゆるシオン神学は、イザヤの後輩となる預言者、例えばエレミヤによって猛烈に批判されることになる。80年後（前620年に）エレミヤは神殿の入り口に立って、やって来る礼拝者に警告している。あたかも神が神殿に臨在しているからといって、神殿が決して破壊されないかのように、「主の宮だ」と唱え続けてはならない、と。いやむしろ、ヤハウェが望んでいるのは、民が悪と偶像崇拝とを改めることである。確かに、現君主のヨシヤは改革しようとしているが、人々は自分の悪いやり方に則っているようである。神の御名をいただく、この家がこうした人々によって台なしにされ、実質的には「強盗の巣」と化している。エレミヤは厳粛に公言した。「わたしの怒り……は、この場所……に注がれ……。わたしは……あなたがたを、わたしの前から追い払おう」(エレミヤ7:15、20)。

もちろんエレミヤのメッセージは、ひどく不興を買った。しかし25年後、エルサレムはその地域の新興大勢力

上：ヒゼキヤ王がアッシリヤ人を防ぐために建てた「広い城壁」（現在はエルサレム旧市街内にある）。

バビロニヤの軍隊に征服された。エルサレムの王エホヤキンは拘束されて、バビロンへ連れていかれた。他の指導者も一緒だった。悲運を預言したエレミヤは生きて、自分の語った預言が実現するのを見た。そしてエジプトへと亡命した。それから10年後の前587年に、ネブカデネザル王は軍隊を派遣して、エルサレムの町を破壊し、その神殿を焼き払った。

このように列王記第二の物語は、嘆かわしい場面で終わる。ダビデの子孫であるエホヤキンが国外に追放されて37年が経ったが、いまだにエルサレムから遠く離れたバビロン捕囚の中にいる。エルサレムにはダビデの血統を引く王はおらず、ソロモンの神殿は廃墟となり、ユダに残されたわずかばかりの人々も、異教徒に支配されている。国土に住んでいる人口のほとんどは、他の地域からつれて来られた人々である。本当に、ダビデの時代に最初に灯された「ともしび」の光が消されてしまったかのように見える。

左：若きヨシヤ王（前641-前609年）による宗教改革は、主の宮に納められていた古代の巻物（申命記が含まれていた可能性がある。Ⅱ列王22:8-20参照）が発見されたことに一部触発された。この巻物（クムランで1947年に発見された死海文書の一部）は1世紀に書かれたものである。

．．．

右：ヒゼキヤ王（前727-前698年）の命令で造られたりっぱなトンネル。セナケリブ支配下のアッシリヤの猛攻撃（前701年）を予想して、エルサレム内でギホンの泉から飲料用に水を引いた。

第3章

難民とギリシャ人
（前587―前40年）

疲労困憊した預言者が崩れた壁をじっと眺めて、泣いている。
若い祭司は命令に従って、来る日も来る日も、脇を下にして寝ている。
音楽家は黙って座り、その竪琴は、傍の木々にぶらさがって揺れている。
3人のただならぬ様子からわかるように、目に映るのはまったくの崩壊である。

捕囚の時代

前587年のエルサレム陥落は、心に深い傷を与えた。希望と信仰とにあふれていた世紀は、煙となって消え失せた。国家としての気概と独立の夢は瓦礫の下に埋もれた。都市とその郊外の人口は、約25万人から2万人にまで落ち込んだ。人々が逃げて約束の地のどこかや、エジプトに下ったからである。指導者は強制的に連行されて、ユーフラテス川のはるか東側にある捕囚地に行った。ユダ族の大半は、南東にいた宿敵エドム人の支配下に置かれた。豊かな可能性を秘めていた町エルサレムは荒地と化してしまった。

左：ペトラからの景色。詩人ジョン・バーゴンはペトラを「時の刻みと同じぐらい古いバラ色の都市」と描写した。ペトラは、イスラエルの敵エドム人の難攻不落の城で、彼らはエルサレム陥落の際に喜びの声をあげた（詩篇137:7）。

慟哭と沈黙

「ああ……この町は、ひとり寂しくすわっている。……やもめのようになった。諸州のうちの女王は、苦役に服した」。旧約聖書の哀歌は、このように始まる。これは5つの長い章より成っており、その中で著者（伝説によればエレミヤだといわれている）はエルサレムの運命を嘆いている。「シオンの娘からは、すべての輝きがなくなり……彼女の民はみなうめき、食べ物を捜しています。……道行くみなの人よ。（あなたは何とも思わないのか）」（哀歌1:6、11、12）。

一方、遠く離れたあの捕囚の地では、バビロニヤの官吏が、大方の点では捕囚の民を適切に扱っていたが、ただ民を嘲って「シオンの歌を1つ歌え」と言った。しかし民は拒絶した。「私たちがどうして、異国の地にあって主の歌を歌えようか」（詩篇137:3、4）。捕囚に連れ去られた人々（約4,500人の成人男性とその家族）はエルサレムの住民の精華ともいえる人々で、政治指導者、為政者の家族、神殿に仕える多くの祭司、役人、音楽家だった。だから歌うように言われた旋律を知ってはいたが、ただ歌が出てこなかったのである。民の喉

が悲嘆でふさがれていたからである。

　その中に若い祭司エゼキエルがいた。エゼキエルは預言者になるようにという強い召命を経験し、また奇怪なたとえ話を実演するようにという召命も受けた。そこでエゼキエルは変わった食物を食べたり、また40日間脇腹を下にして横になったりして、40年にわたってエルサレムが神に反抗したことに対する神の裁きを示した。

右：エルサレムのために嘆くヘブル人を中世の時代に描いたもの。

下：ユーフラテス川（現在のイラク、ハディーサ付近）。

荒野の希望

エレミヤとエゼキエルの両者が明らかにしているように、この捕囚の期間は、少なくとも一世代は続くだろう。2人とも、すぐに帰還できるという希望は持っていなかったし、捕囚の民には定住するようにと勧めた。しかしこの長い期間を乗り切るために、2人とも希望を持たせる意義深い言葉を語った。エレミヤ書には、このように書いてある。

> その日が来る。……わたしは、わたしの民の……繁栄を元どおりにする……彼らをその先祖たちに与えた地に帰らせる。町はその廃墟の上に建て直され、イスラエルを散らした者がこれを集め……る。
> （30:3、18、31:10）

同様に、エゼキエルに与えられた衝撃的な幻では、イスラエルの民が、人骨の散らばる野原のようになっていた。そこで神が人骨に息を吹きかけると、死体が再構成されて、生き返った。これは復活の力を伝える劇的なしるしであり、イスラエルが約束に地に復帰することを象徴した。

この光景と預言とは人々に希望を与えた。逆説的だが預言者の厳しい裁きの言葉が、希望を与えたのである。捕囚に遭ったエルサレムの民にとって、自分の信じていた唯一神に対する信仰を捨てるのは容易であったろう。すべての証拠が、イスラエルの神は無力であると暗示しているように見えた。周囲にいる民族の文化と同化するほうが簡単であった。なぜ抵抗して、違いを出そうとするのか。しかし信仰は捨てなかった。なぜか。その答えは裁きの言葉の中にある。その言葉を読むとわかるように、捕囚という悲劇は、「イスラエルが歴史の中で大切にしてきた信仰と矛盾することがなく、むしろその信仰が正当であったと立証しているからである」(Bright, p. 349)。

こうしてイスラエルの信仰は生まれ変わった。この国民がモーセに導かれつつ、荒野で鍛えられたように、今は捕囚という痛々しい荒野で、国民が再形成された。高熱を感じながら、不純物を除かれ浄化されて、人々は自分の信仰の中に、刷新しようという種が蒔かれ、希望という川が流れているのを見出した。民は荒野の中にいたかもしれない。しかし民が信じていたように、見捨てられてはいなかった。

「荒野と砂漠は楽しみ、荒地は喜び、サフランのように花を咲かせる」（イザヤ35:1）。このようなイメージは、捕囚時代にイスラエルの捕囚からの回復を語る際、預言者によってよく使われた。

難民とギリシャ人（前587―前40年） 57

帰還の世紀（前530‐前430年）

幾つもの帝国が現れては、消え去っていった。旧約聖書時代を通じて、エジプトの国力はほとんど変わらなかったが、約束の地の北側と東側とでは変遷が多かった。まずヒッタイト人（前1430頃‐前1180年頃）、アラム人（前1100‐前911年頃）が現れて、次にアッシリヤ人（前911‐前605年）、バビロニヤ人（前605‐前539年）と続いたが、すぐにメディヤ人とペルシャ人（前539‐前330年）の前に屈した。

政権交代

興味深いことに、バビロニヤの治世は短かった。ネブカデネザルが死ぬと（前562年）、バビロニヤ帝国は崩壊し始めた。短命政権（7年間に3人の王）の後をナボニドス（前556‐前539年）が引き継いだ。ナボニドスは10年間バビロンから首都を移した。一方でペルシャのクロス2世は、かつてのメディヤ帝国を支配下に置くと、めざましい軍事行動を起こして、現在のトルコ西海岸に近いサルデスをも滅ぼした。バビロンにはなすすべがなかった。前539年の秋に、クロスはバビロンの町に凱旋入城した。クロスは、エジプトの国境に至るまでの西アジア全土を、支配下に収めた。しかし旧約聖書の記者にとって重要だったのは、イスラエルの強敵バビロンが陥落したことだった。

さらにクロスは治世の第1年目に勅令を発布して、捕囚の民が帰還して、神殿を再建することを許可した（エズラ

上：バビロンの古代のジッグラト跡（遠方）。巨大な建造物で、「バベルの塔」（創世11章）だった可能性もある。

1:2、6:3参照）。これは寛容政策の一環で、帝国中の隷属民に許された。隷属民は、堅固な行政の支配下にあるとはいえ、文化的な独自性をある程度維持することを許された。しかしこのことは、イスラエルの預言者の言葉が成就したことを顕著に示していた。

第一の帰還

最初の集団は、ユダの王族の1人であるシェシュバツァルによって導かれていった。その後すぐに、次の集団がその甥ゼルバベルの指揮のもとで導かれていった。この集団は神殿を再建しようとしたが、この事業はすぐに挫折してしまった。ペルシャの国庫から支援が約束されていたが、具体化されなかったようであり、地域住民（北部に住んでいたサマリヤ人も含めて）は捕囚民の帰還に憤った。この初期の期間に、クロスの後継者カンビュセス2世は、エジプトを支配下（前525年）に置いたが、その後を継いだダリヨスは、さまざまな反乱を鎮めるために、2年を費やした。この不安定な時期に、ハガイやゼカリヤのような預言者が熱心に励まして、神殿再建を再開させた。この動きを警戒したペルシャの当局者は、過去の記録を二度までも調べたが、クロスの勅令がちゃんと発見されて、それをダリヨスが再認した。

神殿が完成して奉献されたのは4年後だった（前515年3月）。再建された神殿の規模が貧弱なのを見て、涙を流した者もいた。以前の神殿に比べれば、その影にすぎなかったからである。結局、約束の地への帰還は失意のうちに終わった。特に、ゼルバベルが王になることは決してなく、ダビデ王朝が政権を執ることも、決して許されなかったからである。かえってエルサレムは、サマリヤを拠点とする行政官の統治下に置かれたかもしれない。なぜならサマリヤ人は、エルサレムが実際に少しでも再開発されることに強硬に反対したからである。

左：ゲリジム山で毎年行われるサマリヤ人の過越の祭りの様子。サマリヤ人はイスラエルの北10部族の捕囚（前722年）後にサマリヤを占領した人々の子孫で、現在の人数は750名ほど。

下：クロスによる前539年のバビロン征服の記録をバビロニヤのくさび形文字で記した粘土製の円筒。

新しい城壁と新しい共同体

ほかにも捕囚民の集団が帰還したため、エルサレムに居住する住民の数は少しずつ増え、前5世紀の中頃までにはおそらく5万人ほどに達していただろう。にもかかわらず、状況が厳しかったので、エルサレムの民は祖国にいながらも、まるで奴隷であるかのように感じていた（ネヘミヤ9:36）。

それから前445年頃、王家に仕えていたネヘミヤは勇気を出してアルタシャスタ王（前465-前425年）に願い出て、エルサレムに帰り、130年以上も前に破壊された城壁を再建させてほしいと言った。サマリヤ人が猛烈に抵抗したにもかかわらず、この事業は50日で成し遂げられた。これは一致団結の、素晴らしい成果である。

ほぼ同時期にエズラも帰還した。これはエルサレムの共同体を、より堅固な律法の基盤の上に築くためであった。エズラはユダヤの律法の専門家だったので、その指導の結果として、民は政治的な立場を失っていたにもかかわらず、実質的に新たなアイデンティティーを確立して、自分たち独自の法の基準によって統治されることになった。安息日の遵守、割礼、食物規定といった共同体生活の側面は、近隣諸民族との違いを際立たせるようになった。こうした規定が、今や新しいやり方で共同体生活の中心に据えられるようになった。

それで約束の地の中で、神殿の祭儀に連なりたいと願う者は今や、エズラの築いた法体制に則って生活することを期待された。このようにして第1次の帰還から100年後に、重要な転換がなされた。これはもはや、政治的に独立した国民ではなく、神の律法を信奉するということによって定義される民であった。

右端：オフェルの丘の上での発掘ではダビデの時代のエルサレムの遺跡が発見されている。そのかなり後にネヘミヤが壁を再建することになる（ネヘミヤ3章）。

右：エズラの時代からずっと、トーラーの巻物はユダヤ人の生活の中心となり、安息日ごとにシナゴーグで人々の前で読まれた。

難民とギリシャ人（前587—前40年） | 61

ギリシャ人とローマ人

続く250年間に関しては、聖地についてほとんど何もわかっていない。西アジアの広大な地域に領土を拡張した、巨大な諸帝国の中にあって、聖地は単なる小さな、あまり重要でない一部分にすぎなかった。そこにはペルシャ帝国が興り、その次にアレクサンドロス大王（前336-前323年）の短い治世があり、それからその後継者の時代が続いた。まずプトレマイオス朝（エジプトから統治した。前301-前298年）が興り、次にセレウコス朝（シリヤのアンテオケを本拠地として支配した）が続いた。

聖地の中には、さまざまな人々の集団が混在していただろう（最初は全員がアラム語を話していたが、後にギリシャ語も使い始めた）。多くの人々は自分たちのことを、単にこうしたさまざまな帝国の市民だと考えていただろう。ギリシャの植民都市（スキトポリスのような）が幾つか築かれたが、それらは最初からまったくギリシャ的（あるいはヘレニズム的）であり、周囲の文化に隈なく浸透する影響力があった。

サマリヤ人（当初はサマリヤ市周辺に集住していたが、アレクサンドロス大王に対して反乱を起こした後は、シェケムに移住した）とユダヤ人（エルサレムに集住していた）の共同体とは、これらの植民都市とは一線を画していた。実際にはこの時代を通して、このユダヤ人の共同体は、半分自治を許された飛び領土のようであったらしい。つまり、帝国税を納めてはいたが、その他の点では独自の法律（エズラの時代に編纂された）によって自らを統治することが許されており、「ユダ」と刻印された小さい銀貨も発行していた。日常生活と礼拝の両方で、ヘブル語を使い続けていた人もいたであろう。しかし全体的には、歴史の流れが淡々と通り過ぎていくのを、ユダヤ人は甘んじて受け入れていたようである。

下：ベテ・シャン（スキトポリスとしても知られる）の印象的な劇場。デカポリスの10の町のうちの1つ。

粗暴な覚醒

しかし、これらの平穏な日々は、嵐の前の静けさにすぎなかった。前198年にアンティオコス3世（前223-前187年）は、聖地の北端、ヨルダン川の源に近いパネイオンで、エジプト軍と大合戦して、敵を殲滅した。当初、この政権の交代は、明るい未来を約束しているように見えた。アンティオコス大王はしばらくの間、諸税を免除し、ユダヤ人の捕囚は誰でも、エルサレムに帰還することを許可した。しかし一世代の間に、事態は一変して悪化した。アンティオコス4世（エピファネス）は新興勢力であるローマによって脅かされ、資金も逼迫したので、隷属民に重税を課すようになった。またさまざまな神殿からも収入を得ようとして、その中にはエルサレム神殿も含まれた。政治的な統一を図ろうとして、アンティオコス4世はゼウス崇拝を奨励し、さらに悪いことに、自分自身（ゼウスが人間として顕現した姿であるとして）をも礼拝するように奨励した。

エルサレムには、喜んでこれに倣う人もいた。正統な大祭司オニアス3世の兄弟ヨシュアは、アンティオコスに賄賂を送って大祭司の地位を得ようとし、またアンティオコスの帝国政策を推進すると約束した。ヨシュアはヤソンと改名して、エルサレムの町に、ギリシャ文化の特徴を幾らか押しつけた。スポーツ愛好者のための運動競技上である。その後、競争相手（メネラオス）がヤソンの地位を強奪し、神殿の宝物を売り始めた。これに対抗して、ヤソンは千人の兵士を率いてエルサレムに進軍し、大虐殺を行った。エジプトで大勝利を収めて戻ってきたアンティオコスは、ただちに

上：パネイオン（現在のバニアス）にあるヨルダン川の源泉。何百年か後にヘロデ・ピリポが異教徒のローマ皇帝に敬意を表してこの町の名をピリポ・カイザリヤと変更した。

左：ヘレニズム文化の彫像は、ユダヤの一神教と倫理基準を否応なく脅かした。

メネラオスを再任命し、神殿を略奪した。

その2年後（前167年）、アンティオコスは大軍を派遣して、神殿のすぐ近くに要塞（アクラ）を築かせた。さらに悪いことに、アンティオコスは法令を布告して、神殿で犠牲をささげるのを終わらせ、安息日の遵守と割礼とを禁じ、ついには（12月に）神殿の中にオリンポスのゼウスのために祭壇が設置され、そこでは豚の肉が犠牲としてささげられることになっていた。律法を遵守していたユダヤ人にとって、神殿は最後の頼みの綱だったのに。これは恐るべき、残酷な侮辱であり、冒瀆ともいえる傲慢な行為であり、まさに「荒らす忌むべき者」（ダニエル9:27）であった。

抵抗運動と成就した夢

残忍な迫害がなされていたにもかかわらず、ユダヤ人の抵抗運動は勢力を増し始めた。まずハシディム（忠実な人々）という一団が先鞭をつけた。それからマタティアという人物が、ルダの近くでゲリラ戦を展開し始めた。マタティアの3番目の息子ユダ（マカバイオスつまり「金槌」というあだ名があった）はさらに事を進めて、アンティオコスがパレスチナに送り込んだ2つの軍隊を打ち負かした。特にこの年（前165年）に関していえば、アンティオコスのおもな関心が、東の国境でパルテヤ人の攻撃をかわすことだったことは、よく知られている。それでもなおアンティオコスはさらなる部隊を派遣した。しかしそのつど、つまりエマオの戦いと、その1年後になされたエルサレムの南での戦いの両方において、これらの部隊は、ユダにはかなわないことを証明したのだった。こうして神殿が冒瀆された月から3年後に、ユダはエルサレムに凱旋し、神殿をその穢れから清めることができた。この奉献祭（ハヌカー）は大いなる歓喜のうちに祝われたに違いない。

こうして、ユダヤ人の共同体が苦労して手に入れた独立を享受する100年間（ユダの一族による王朝だったので、ハスモン時代と名づけられた）が始まった。400年の歳月を経てやっと、ユダヤ人は自由の空気を吸い、先祖に約束された聖地を楽しむことができた。今やおそらく、本当に捕囚が終わったのだと考えても当然だった。

上：ゼウスなどの神々の巨大な像は、異教の神殿では必要不可欠なものであった。これとは対照的に、エルサレムにあるイスラエルの神のための神殿に像は1つもなかった。

right：エルサレムの大祭司たちの妥協するような立場に対して、ある熱心なユダヤ人たちは別の「神殿」を建てた。死海近くのクムランに見られる共同体などのことである。神によるイスラエルの回復を待ち望みながら、「主の道を整えよ。荒野で、私たちの神のために、大路を平らにせよ」（イザヤ40:3）のような預言に触発されていたものと思われる。

そしてついに、領土も幾らか拡張できるようになった。このようにして、聖地の外に移住したユダヤ人（ディアスポラあるいは「離散の民」として知られている）の大多数は、そのまま自分のいた場所に居住し続けたけれども、たぶんかなりの数の人々が聖地に帰還することを選んだと思われる。その結果、ユダヤ人の人口が膨れ上がり、国内のある部分は「ユダヤ化」された。特にガリラヤとデカポリスの地域（10のギリシャ都市があった）がそうであった。例えば入植者の小さな集団は、ナザレにユダヤ人の駐留軍を組織した。

上：ハスモン期のユダヤの焼き物（前165-前67年）。

左：後72-73年にクムラン共同体がローマ人に滅ぼされた際、貴重な写本が近くの洞窟に隠された。イザヤ書の完全なテキスト（前100年頃）もその1つで、これらの死海文書は1947年になってようやく発見された。

希望は打ち砕かれた

　しかし夢は打ち砕かれようとしていた。新たな帝国の勢力が西側から膨張してきており、戦艦を建造し、陸軍を装備させていた。ついに帝国は征服に乗り出した。前67年に、ローマの将軍ポンペイウスは地中海の東岸にやって来て、その地域全体をローマ帝国の支配下に置き、今やシリヤ・パレスチナ属州のアンテオケから統治するようになった。それどころかポンペイウスは神殿の中に立ち入ったが、積極的に神殿を汚しはしなかった。むしろ境内に神の像がないことにポンペイウスは戸惑って、ユダヤ人は「無神論者」であるに違いないと結論づけた。

　ユダヤの人々にとって、アンティオコス4世の神殿冒瀆の恐怖は繰り返されなかったにせよ、この新興帝国の来寇は、苦い打撃であった。1世紀の間自由を謳歌した後で、残酷にも希望が潰されてしまうならば、そんな希望を持つよりは、独立しようなどという夢などはまったく抱かなかったほうが、よかったのかもしれない。しかし不満・抵抗運動・反乱の種は蒔かれた。この種は、次世代になってから発芽することになる。

左上：ポンペイウス（前48年没）の胸像。クラッススとユリウス・カエサルとともにローマ帝国の領地を東へ広げた。

上右：イタリア南部のポンペイで発見された、ローマの船を詳細に描いたレリーフ。

右：サマリヤ人がゲリジム山頂上に建てた別の神殿（前4世紀に建てられたがハスモン朝に前128年に破壊された）。後年（484年）ビザンティン皇帝ゼノンが敷地内に八角形の教会を建てた。

砂の中の町。ヘロデの新しい首都、カイザリヤ・マリティマ。

第4章

重大な100年間
（前40―後70年）

1人の老人が、掩蔽壕の中で疑心暗鬼にとりつかれて、臣下や家族にまで死刑を宣告する。75年後、1人の若き将軍が、飢餓状態の町の周りに攻城兵器を築くためにオリーブの木々を切り倒す。そして、この2人の間に、ガリラヤ出身の若いユダヤ人の預言者が、ローマ帝国に対する反乱の罪で死刑を宣告されて、町の外へ連れ出される……

ヘロデ大王

そういうわけで私たちは、聖地の歴史を左右するきわめて重要な100年間に到達するのである。その100年間に、聖地は壮麗な建造物とローマ文化の影響によって、かつての面影をとどめないほど様変わりした。しかし、その期間の終わりには、それらの建造物はローマ軍に破壊されてしまう。独立の夢を台なしにしつつあるこの文化の侵略に対して、ユダヤの人々が反乱を起こしたからである。

この100年間は、おそらく3人の人物に焦点を合わせることで、最もよく理解できるだろう。その3人とはヘロデ大王、ティトゥス、そして2人の間にいたナザレのイエスである。それぞれが非常に違った形で、聖地の長い歴史の中で重要人物となっている。

彼らについては相違点と類似点の両方に注目することができる。ヘロデはエドム人の家系に生まれた半ユダヤ人にすぎなかったが、自ら「ユダヤ人の王」になって、ユダヤ主義にローマの価値観を持ち込んだ。ティトゥスは生粋のローマ人で紀元70年にユダヤ主義の本拠地を破壊した後、続いてローマの皇帝になり、当時知られていた全世界を治める「主」として、歓呼して迎えられた。一方、生粋のユダヤ人イエスは、「ユダヤ人の王」を自称したかどで十字架刑に処されたが、やがて信奉者たちによって、全宇宙の主であると宣言された。

ヘロデ（前73年頃生まれ）は、前47年にユリウス・カエサルからユダヤの代理長官に任命された父により、ガリラヤの行政を任された。3年後、人気のあるハスモン家出身の競争相手との厳しい戦いの後、勝利した。そうして、実質上ローマ帝国の傀儡の王としての長期政権が始まった。ヘロデはひどく人気がなかったが、これに対してすさまじい策略で、また目を見張るような建築事業で対応した。ヘロデ時代の建築家が切り出した特徴のある石は今日、聖地のあちこちで訪問者を出迎えている。当時それらには、ユダヤ人は今やローマ帝国内の臣民だという明確なメッセージを伝える意図があった。

メッセージ付きの建造物

　左に述べたことは、ヘロデがローマ皇帝（カイザル）をたたえてカイザリヤと挑発的に名づけた全く新しい港町を建設したことに最も強烈に現れている。すでにサマリヤをセバステ（「尊敬すべき」皇帝をたたえて）と名づけていた。今度はカイザリヤで、ここには皇帝アウグストゥスを礼拝するために奉献された神殿があるということを確実にしたのである。

　この海辺の主要都市の明確にローマ的な特徴には、競馬競技場と劇場も含まれる。11キロの水道橋を通ってもたらされる新鮮な水、地下にある下水道施設（潮流によって1日2回、廃棄物が押し流される）、当時発見されたばかりのコンクリート（海底に流し込まれた）を用いた3面構成の防波堤によって、ついに安全な港をパレスチナに与えたことは、強い印象を与えずにはいられなかった。ただし、これらの贈り物にはメッセージが付いていた。

　ヘロデが前19年にエルサレム神殿の再建を始めたときも同様だった。またもや彼の計画は驚異的だった。神殿の中庭の区域を拡大するために、広大な高台が建設された。このために巨大な切り石が切り出され、加工されて、適切な位置に釣り上げられた。今日見ることができるものは大きく、長さ12メートル以上、重さ8万キロ以上で、当時は地面から30メートルの高さがあっただろう。1世紀にエルサレムを訪れた人々（田舎のガリラヤ出身

上：ヘロデの安全を守る宮殿（マサダの最北端に突き出ている）は2層に造られ、内側の階段でつながっていた。

左：カイザリヤにある当時の最先端の劇場の後部座席からは、地中海の素晴らしい景色が見える。

のイエスの弟子たちのような）は、「なんとみごとな石！」（マルコ13:1参照）と叫ばずにはいられなかった。

　それは全く巨大で印象的だった。それでも宗教的なユダヤ人は、イスラエルの神にささげられた中央神殿また国家の象徴であるものを異教の王が再建することは、神をけがすことではないかと考えたかもしれない。そして、神殿を真に再建する（前587年の破壊後）のはイスラエルのメシヤ、「油注がれた王」であるとユダヤ人が長年信じていたのだとすると、ヘロデは、ユダヤ人を不愉快にする政治的

ヘロデが境内を広げたことにより、「異邦人の庭」という大きな空間が新しくできた。ここからイエスは後に両替人を追い出した（マルコ11:15-17参照）。神殿への入り口はいくつかあり、南西の角にあった大きな階段（左）もその1つである。アントニヤ城塞（右）は神殿とゴルゴタの方角を向いていた。

主張も行っていたのだろうか。つまり、自分こそメシヤについてのこの希望を真に実現しているのであり、ユダヤ人の真の王なのだと。もちろん臣下には、ユダヤ人の王というより、ユダヤ人を上から支配する王のように感じられたことだろう。

策略と疑心暗鬼

ヘロデに対する抵抗は続き、特にガリラヤでは、反逆者たちは最終的にはアルベル山の洞窟に隠れたが（70-71頁参照）、ヘロデの兵士に追い出されただけだった。ヘロデは人民からの評価と後継者問題に悩まされるようになった。家庭内で分裂が起こると、家族の幾人かを殺害した。ヘロデはマリアンメ（ハスモン家出身）と政略結婚したが、やがて彼女も処刑した。ヨセフスは、ヘロデが競争相手に対し病的な疑惑を募らせていく様子を次のように描いている。「晩年になるとヘロデは周囲にいる誰一人信頼できなく

り、身辺警護に当たる者に、彼の前にやって来る人物全員、特に家族に、服の下に武器を隠し持っていないかどうか身体検査をすることを要求した。」

ヘロデはあらゆる人々から嫌われていた。彼がついに死ぬと（前４年３月）、すぐに大暴動が、特にガリラヤで起こった。ユダヤ人はローマの支配を投げ捨てようとしていたからである。そのためヘロデは、その治世の間は常に、安全性に優れた隠れ家を確保していた。マサダの南側の崖にある宮殿のような数々の部屋（73頁参照）や、ベツレヘムの南東５キロにある荒野の端に位置する「掩蔽砦」（ヘロディウム）などである。自然の丘の上に築かれた円錐形のヘロディウムは、攻撃を受けた際の安全な最後の砦だった。

最後にヘロデはエリコにある冬の宮殿で自然死した（ヨセフスは残虐な表現を用いてその様子を描いている。『ユダヤ古代誌』17:6-8）。しかし、ヘロデは自らの死を予期して、今一度残忍な行為を試みた。指導力のある大勢のユダヤ人役人を牢に入れ、自分の死んだ日に全員殺害するように命じたのである（これはありがたいことに実行されなかった）。彼の死の知らせを聞いてユダヤ人の間にわき上がる歓喜を、悲嘆の涙で曇らせることを願ってのことであった。

左：ベツレヘム近郊にあるヘロディウムの円錐形ドーム内の居住区。近年ヘロデの墓とされるものが斜面を半分下りたところで見つかった。

下：ヘロデの冬の宮殿（中央右）はエリコのオアシスの南側にある。

ナザレのイエス

治世の最晩年にヘロデがベツレヘムのすぐ南にある山の頂上の掩蔽壕で静養していた頃、西の地平線上に位置する村に、貧しいユダヤ人の男の子が生まれた。ヘロデの圧倒的な統治にとって、ほとんど脅威にはならないと思った人もいるかもしれない。しかし2、3か月後、小さなベツレヘムに、2歳以下の男の子を殺すためにヘロデの兵士たちが派遣された。この小さい子の命は芽のうちに摘み取られなければならなかった。

なぜヘロデは、このような形で反応したのだろうか。最初に無学な羊飼いたちが広めた奇妙な噂が、ヘロデの耳に届いたのかもしれない。それでも、アラビヤからの突飛な訪問者たちが、「ユダヤ人の王」として最近生まれた子を捜して、エルサレムでいっぱい質問をしたりしなければ、その子の誕生はヘロデの注意を免れていただろう。そのような競争相手を見過ごしにしていいはずはなかった。かつてのイスラエルの英雄ダビデ王と同じ村で生まれたともなれば、確かにそうである。それで兵士が遣わされたが、役に立たなかった。捜していた子は、突然エジプトに連れ去られていた。

下:ベツレヘムの下に広がる野(村とヘロディウムとの中間)。ルカ2章に描かれた出来事(羊飼いがイエスの誕生を告げられる)は、8月に起こったと推定される。1年のうちその時期に、羊が収穫の終わったばかりの農家の「野」に放牧されたからである。

粗末な家

ナザレのイエスの物語は、そのようにして始まる。これらの不吉な始まり方にもかかわらず、イエスは他の誰よりも聖地の歴史を変えたと言ってもよいだろう。ヘロデの死後、イエスの母マリヤは、夫ヨセフと一緒にガリラヤ地方にある、自分の育った村ナザレに戻った。そして、私たちの知る限りでは、イエスは以後30年間、何度か過越の祭りでエルサレムを訪れる以外は、ここにとどまっている。ナザレは人口わずか2、3百人、人のほとんど来ない、山に囲まれた、人目につかないようにするには完璧な場所だった。だから、イエスの最初の信奉者の1人が言ったように、誰かが「ナザレからどんな良いものだって出るはずがない」（ヨハネ1:46参照）と言ったとしても無理はない。

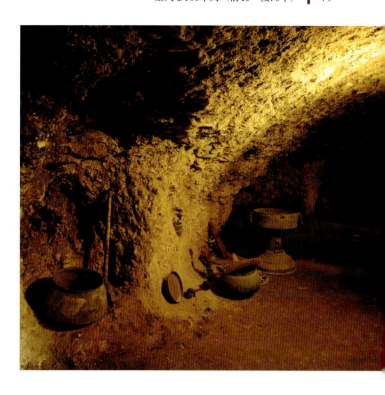

右：天然の洞窟は家畜を寒さから守るため、「奥の間」として使われることが多かった。2世紀前半までさかのぼる、信頼できる伝説では、このような洞窟でイエスが生まれたと述べられている。

下：1世紀の家。ナザレ村の古代段丘に近年復元されたもの。

低い身分の生まれ、田舎育ち、僻地の村、事実上無名。これらは、おそらく世界の歴史を変えることになった人物の生涯のためには、決して期待される要素ではない。しかし、西暦30年の直前にイエスは、カペナウムに移り、宣教に着手する。カペナウムは、ナザレより大きなガリラヤ湖畔の町で、さらに重要なことに、地中海からダマスコへの主要道路沿いにある。やがてイエスの宣教は、真に国際的なものとなる。

ガリラヤにメシヤ？

湖（当時ゲネサレ湖あるいはテベリヤの海として知られていた）周辺の地域は、すがすがしい春の朝には牧歌的で穏やかなものにも見える。イエスの時代は、漁業に精を出す10以上の港と、ゲネサレの肥沃な平野で一年中行われる果物や野菜の収穫作業で、活気づいていただろう。そこは争いの絶えない地域でもあった。ガリラヤのユダヤ人は重税を課せられていたし、彼らが軽蔑している統治者（ヘロデ大王の息子ヘロデ・アンティパス）が、彼らが嫌っている皇帝ティベリウス（後14-37年）をたたえて湖畔にロー

下：白い石灰岩でできたカペナウムのシナゴーグは、黒い玄武岩で造られていたと思われる小さな家々に囲まれ、ひときわ目立っている。シモン・ペテロの家と推定された場所は、近年八角形の教会が上に建った。

右：イタリア風の教会（1929年にカペナウムの上にある、祝福の山に建てられた）は、イエスの山上の説教（マタイ5-7章）を記念するもの。イエスの弟子たちはよく舟で、ゴラン高原の高い丘がよく目につく、この湖の対岸まで移動した。

マ様式の都市を築くという腹立たしい光景を見なければならなかった。さらに悪いことに、その都市はユダヤ人の墓地の上に築かれた。ユダヤ人の歴史家ヨセフスは、ガリラヤのユダヤ人は「幼いときから戦闘に慣れて」いると記している（『ユダヤ戦記』3：3〔秦剛平訳『ユダヤ戦記　2』ちくま学芸文庫、2002年〕）。ガリラヤは、不安と燃えるような民族主義との温床だった。ほんの一瞬火花が散るだけで、全体が炎に包まれてしまうだろう。

平和からはほど遠いこの状況で、イエスは、3年に及ぶ公の宣教を始めたのである。「神の国は近くなった」（マルコ1：15）と。人々が群がってきたのも不思議ではない。イエスの名声は国外のシリヤやレバノンにまで広がり、エルサレムの祭司階級の一部はそれを怪しんだ。これはまさにユダヤの民族主義者たちが何百年もの間待っていたメッセージであった。今やついに、イスラエルの神は王としての正当な地位を回復しようとしている！　まもなくローマの支配は真の世界の主ヤハウェの前で、またヤハウェの任命した統治者、イスラエルが長い間待っていたメシヤの前で

崩れ落ちるだろう。

　しかし拍子抜けしたことに、イエスは、この反ローマ感情に共感しているようには見えなかった。「平和をつくる者は幸いです」とイエスは宣言した。「柔和な者は幸いです。その人たちは地を受け継ぐから」と（マタイ5:5、9、詩篇37:11）。そのため、群衆は、病気、悪霊つき、さらには死に対するイエスの力強い勝利に見られるような、神の国の恐るべきしるしが好きだったかもしれないが、しかし次第にイエスが、メシヤならこうしてほしいという期待にこたえてくれないので当惑・幻滅するようになった。この人は本当にメシヤなのか。もしメシヤであるなら、自分たちが望んでいる役割を明らかに果たしていない！　例えば、あるときイエスが5つのパンと2匹の魚で5千人に食事をさせた後、人々は驚きのあまり、イエスを王にしようとしたが、イエスは静かに人々の間をすり抜けて、山へ祈りに行ってしまった。イエスの行動予定は明らかに、彼らのしてほしいこととは違っていた。

右端：白黒写真に色を付けた、19世紀のオリーブ山の写真。イエスの時代にはローマの街道がエリコから下って、周りを囲まれたゲツセマネの園（中央）をまっすぐ通り抜けていた。

右：ガリラヤ湖の漁師。1986年に1世紀の舟がマグダラからそう遠くない場所で発見された。マグダラは魚の塩漬けの盛んな土地であった。

下：カペナウム近郊にある、天然の円形劇場。イエスが舟の上から種蒔きのたとえ話を語った場所と推測されている（マルコ4:1）。

エルサレムへの旅

　それから、ある3月に、イエスは過越の祭りのために年に一度のエルサレム訪問に出かけた。これは最後の訪問になるはずだった。ガリラヤの巡礼者たちはエリコ経由で南下し、それからユダヤの荒野を通って、聖都に向かって北上した。イエスは以前この荒野にいたことがあった。宣教活動の初めに、神の意思に従おうとする鋼のような決意が祈りの中で試され、心に深く築き上げられたときのことである。しかし今が、試みの最終的な瞬間だった。一度オリーブ山の頂を越えて、都に足を踏み入れたが最後、事態は山場に達することをイエスは知っていた。

　というのは、ここエルサレムでは、メシヤであるというイエスの主張を、もはや隠せなかったからである。彼はロバに乗って都に入るが（エルサレムの真の王についての旧約聖書の預言を成就している）、都はイエスを自分たちの王と認めるだろうか。イエスは神殿に対する自らの権威と裁きを示すが、人々は、「聖所」に今いるのが本当は誰なのかを理解するだろうか。イエスは神殿の中庭で、ぶどう園の主人の息子を殺す農夫たちや、正式に任命された王を拒絶する手に負えない臣下たちについてのたとえ話を使って教えるが、彼らはどんな反応をするだろうか。

　イエスは都に入る。予想どおり、仲間のガリラヤ人たちはイエスを勝利者として歓迎したが、祝賀の最中にイエスは泣き出し、都が「訪れの時」を知らないことを嘆き悲しんだ。都は、そこの宗教指導者も世俗の政治的権威も、このメシヤを装っていると思われるガリラヤ人を拒絶するだろう。彼らから見てイエスの挑発的な行動は、驚いたことに大衆の熱望を頂点に達するまでかり立てるかもしれないものであり、さらに悪いことに、彼がメシヤであるという主張は明らかにばかばかしく、冒瀆的でさえあった。彼は去るべきだった。「ひとりの人が民の代わりに死ぬほうが、国民全体が滅びるよりましだ」（ヨハネ11：50参照）と大祭

司カヤパは皮肉を言った。

　イエスの死の直前の最後の数時間の物語は、4つの福音書（マタイ、マルコ、ルカ、ヨハネ）の受難物語に細かい点まで書き留められている。弟子たちとの最後の食事、キデロンの谷を登ってゲツセマネの人里離れたオリーブ園へ向かい、そこで逮捕されたこと、都に連れ戻され、カヤパとユダヤ人の評議会（サンヘドリン）の前で裁判にかけられたこと、ローマの代理長官ポンテオ・ピラトの前に出たこと、最後に連れ出されて、都の城壁のすぐ外で2人の泥棒の間で十字架につけられたこと、である。

物語は続く

　そこでナザレのイエスの物語は終わったはずだった。ローマの十字架上の死で終わった者など、明らかに失敗したメシヤだった。その倫理的な教えや霊的な力がガリラヤでどんなに印象深かったとしても、明らかにエルサレムでは惨めに失敗した。そのような者だから、現代の歴史書に登場する権利などなかったはずである。

　それでもイエスは登場した。福音書記者の1人1人や、今日イエスの信奉者から成るキリスト者の共同体によれば、

上：このようなオリーブの木に囲まれて、過越の満月の光のもと、ゲツセマネの園でイエスは祈り、夜明け近くまで逮捕される瞬間を待っていた。

重大な100年間（前40—後70年） | 85

その理由は簡単に言うと、物語がそこで終わらなかったからだ。3日後、イエスを葬った墓は空になり、イエスはエルサレムとガリラヤで姿を現し始め、一連の出現の結果、懐疑的な弟子たちでさえも、神が実際に彼を死者の中からよみがえらせたと確信したのだ、という。

もしこれが真実なら、イエスの復活は当然、聖地で起こった中で最も重大な出来事として考慮される権利がある。また確かに、聖地の長年にわたる物語にとっての、きわめて重要な真の中心として考慮される権利がある。

左：イエスは「どくろの場所」（アラム語でゴルゴタ、ラテン語でカルバリ）で十字架にかけられた。この顔のように見える崖は、園の墓近くにあるダマスコ門から北にあり、どくろに似ている。伝統的にどくろの場所とされている場所には現在、聖墳墓教会が建てられている（100-107頁参照）。

・・・・・・・・・・・・・・・・・・・・・・・・・

下：1世紀の墓。円形の石とともに。

初代教会とエルサレム陥落

次の40年は聖地の長い物語の中で文字による詳しい資料が残されている。キリスト教会の初期の様子は使徒の働き（後60-62年頃ルカによってローマで書かれた）に描かれている。一方、初代教会よりも広いユダヤ人社会で起こった出来事は、エルサレム破壊で頂点に達するが、これらの出来事に関しては、ユダヤ人の歴史家ヨセフス（85-90年頃ローマで執筆）がいる。ルカもヨセフスも、そのときが聖地にとってきわめて重要な時期であり、これまでなかったほどユダヤ人とローマ人の間で緊張が高まっている時期であることを承知していたが、彼らは異なる角度から状況を眺めていた。

ルカとパウロ——さらばエルサレム

ルカはユダヤ人ではなく、パレスチナを訪れたのは一度だけである（57-59年）。それはユダヤ教の元ラビのパウロに同行したときで、パウロは、国際的なペンテコステ（五旬節）の祭りのためにエルサレムに上って行くところだった。

パウロは論争を呼ぶ人物であり、聖都訪問は短かった。彼はタルソ生まれで、エルサレムで教育を完了させるために両親（ユダヤ人の暴動後に捕虜にされた、ガリラヤからのユダヤ難民だった可能性がある）によって送り出され、ラビのガマリエルのもとでトーラーを学んだ。しかし、後に述べているように、ダマスコへと旅しているときに復活のイエスと劇的に出会い、その出来事の後で、パウロは新しく興ったキリスト教運動の主要な指導者の1人となった。ほとんどの時間を聖地の外で過ごしたが（アンテオケ、小アジア、ギリシャにキリスト教徒の集会を形成しながら）、

2、3年ごとにエルサレムに戻って来た。

しかし、今回（7年5月）の訪問はさらに重要である。パウロは、大多数が異邦人から成る教会からの、エルサレムにいる貧しいユダヤ人キリスト教徒（イエスの弟ヤコブが指導している）への愛を伝えるために、エルサレムに多額の献金を持ってきている。しかしエルサレムの雰囲気は非常に緊迫しており、ユダヤの民族主義者とローマ当局の間の緊張は、ほとんど目に見えるものとなっている。地元の人々はこの新手のメシヤ運動をひどく疑っている。その理由は特に、この運動が異邦人（割礼を受けずに、この運動に参加している）に対して、あまりにもゆるやかな態度をとっているように思えるからである。そのため、パウロが神殿に入っていくと、ユダヤ人以外厳禁の中庭に、異邦人の回心者を違法にも連れ込んだ、という濡れ衣を着せられる。暴動が起こり、パウロの命は、ローマ兵が迅速に到着したためにかろうじて救われる。するとパウロは、アントニヤ城塞（75頁参照）の階段で勇敢にも演説し、イエスを証しする。2、3日後、パウロの命を奪おうとするさまざまな企てがなされた後で、夜の間に（476人ものローマの歩兵隊と騎兵隊に護衛されて）州都カイザリヤにすばやく連れていかれ、2年間そこの牢に入れられる。その後、皇帝ネロの裁判を受けるためにローマへ送られる。

ルカはこのような異邦人キリスト教徒の1人で、生き延びて、詳細を語っている。しかし、このエルサレム訪問は、ルカの著作に見られるように、明らかに大きな影響を残している。ルカは続く2年間をパレスチナで調査をしながら過ごし、調査結果はルカの福音書と、その続編の使徒の働きとなる。どちらの書もエルサレムへ上る（イエスとパウロによる）重要な旅に触れている。その旅は、都が彼らを拒絶する結果となる。第2巻は、新興キリスト教運動の重心が、エルサレム内部での発足の後、次第に遠ざかっていく様子を示している。当初はサマリヤやカイザリヤを通り（使徒8-10章）、それから聖地からはるか遠くへ、最終的にはローマ（ルカは「地の果て」の象徴と見ている）に達する。使徒の働きの終わりまでには、エルサレムは複数の意味で実際に取り残されてしまっている。

上：オシュアリ（人間の骨を保管する箱）。62年に殉教したヤコブ（イエスの兄弟）のものの可能性がある。

左：紀元30-70年頃、エルサレムは北に拡張し、「第3の壁」が造られた。後のトルコによる壁（左下）の線に沿って立っていたと思われる。

右：神殿を訪れた異邦人に対し、ここより先のイスラエル人の庭に入った場合、死刑に処せられると警告する石の額。

ヨセフス——最後の日々

ローマに対する反乱がますます現実味を帯びるにつれて、まもなく以上のような緊張は、他の者たちもエルサレムを後にする結果となった。パウロの出発から10年のうちに、苦闘し孤立していたエルサレムのキリスト教徒の共同体は、都の終わりは近いと感じて、北方へ移住し、デカポリスの一都市ペラに避難した。イエスは神殿の破壊を明確に予告し（「石がくずされずに、積まれたまま残ることは決してありません」マルコ13:2）、従う者たちに、そのような悲惨な時期には「山に逃げなさい」と助言した（マタイ24:16）。イエスに従う者たちは、今がその時だと判断した。

ウェスパシアヌス指揮下のローマ軍は後67年、ついにエルサレムを包囲した。そのときよりかなり前から火種が幾つか存在していた。35年にサマリヤ人がローマに対して反乱を起こすと、ポンテオ・ピラトが残虐な方法でこれを鎮めた。39年には皇帝カリグラが神殿に自分の像を据えつけようとした（カリグラが先に死んだため未然に終わった）。49年にエルサレムで恐ろしい大虐殺があった（その年、キリスト教指導者たちは教会内での異邦人教会員の資格について話し合うためにこの都で「使徒会議」を招集した）。50年代と60年代には敵対する派閥間の紛争が絶えなかった。最終的な引き金は、カイザリヤでの反ユダヤ的行動という、挑発的だがかなり些細なものだった。しかし、増大する緊張および忍耐の歳月の後では、大火災を起こすのに必要なものはほとんどなかった。

ヨセフス自身は冒険好きな青年で、すぐにガリラヤでのユダヤ人抵抗運動の責任を任された。後に反乱初期の、凄惨な出来事の幾つかを直接の体験に基づいて記すことにな

右：67年ガムラはローマ兵に包囲された。その特徴的な地形（「ラクダ」に似ている）からこの名がつけられた。

下：ガリラヤ湖近郊、ヨルダン川東岸の谷にあったペラ。ローマの包囲から逃れたエルサレムのキリスト教徒の新しい故郷となった。

重大な100年間（前40―後70年） 89

上：ローマにあるティトゥスの凱旋門。ティトゥスによるエルサレムの破壊を記念するもの。神殿にあった七本枝の燭台（メノラー）に注意。

右：北方に向かってマサダを眺めると、73年にユダヤの最後の熱心党員を追い詰めるためにローマ軍が作った傾斜道が見える。

下：ウェスパシアヌス。エルサレムを包囲した。

る。山の上の町ガムラの包囲と、湖面を血で赤く染めたガリラヤ湖の水上戦がそれである。

　しかし、生きるか死ぬかというときに、自決盟約に反して生き延びた後、ヨセフスはローマに投降する。明らかに、ウェスパシアヌスが皇帝になると抜け目なく予告した（69年にウェスパシアヌスがローマに出発した際、実現した）おかげで、ヨセフスはウェスパシアヌスの信用を得た。エルサレムを最終的に破壊する仕事は、こうしてウェスパシアヌスの息子ティトゥスに残された。

　ヨセフスは70年の夏、何か月かの間の包囲の最後の凄惨な日々を、まざまざと思い描けるほど詳細に記録している。住民は飢え、人肉食さえ行われ、ユダヤのさまざまな派閥間の内紛があった。結局、夏の終わりに神殿は強襲され、神殿の石は投げ捨てられ、近隣の家々は焼け落ちた。聖地の物語の重要な100年間の後に、ヘロデが完成させたばかりの神殿は廃墟と化し、イエスの預言の言葉は真実であると証明され、ティトゥスの指揮下でローマの残忍な力が勝利を収めた。

炎の中の町。エルサレム破壊。

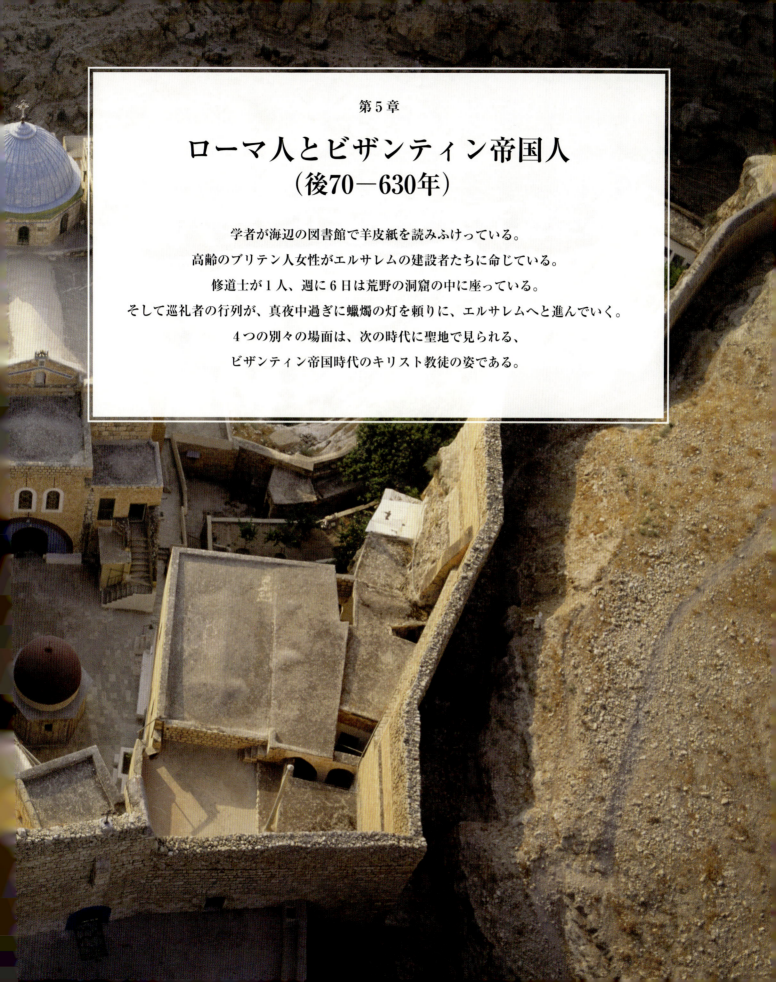

第5章
ローマ人とビザンティン帝国人
（後70－630年）

学者が海辺の図書館で羊皮紙を読みふけっている。
高齢のブリテン人女性がエルサレムの建設者たちに命じている。
修道士が1人、週に6日は荒野の洞窟の中に座っている。
そして巡礼者の行列が、真夜中過ぎに蠟燭の灯を頼りに、エルサレムへと進んでいく。
4つの別々の場面は、次の時代に聖地で見られる、
ビザンティン帝国時代のキリスト教徒の姿である。

破壊の余波

ローマから見て、エルサレムの破壊は、これで終わったようだった。しかし60年後、歴史は繰り返す。ユダヤ人共同体は、神殿のない世界に順応した人々も中にはいたものの、大半は、これに耐えられなかった。シモン・ベン・コシバという人物に導かれて、彼らはまたもやローマに反旗を翻した。今日、第二次ユダヤ戦争（132-135年）と呼ばれている反乱である。

シモンは素晴らしい指導者だった。まもなく彼の名は、よく知られている言い回しで「バル・コクバ」（民数24:17の預言に合わせて「星の子」）に変えられた。アキバという有名なラビが、彼は長らく待ち望まれていたメシヤだと宣言さえした。期待は高まり、この、独立を取り戻した「第1」年と「第2」年を祝って新たな硬貨が鋳造された。しかし3年目に、ローマ皇帝ハドリアヌス（117-138年）を相手にすることになった。

決定的な対処

ハドリアヌスは都を包囲し、いったん勝利すると、エルサレムをすべて破壊することを決意した。ユダヤ人の心に、希望の種を少しでも残してはならなかった。そこで、エルサレム周辺数キロにわたって「立ち入り禁止区域」を設け、ユダヤ人が自分たちの聖なる都を目にすることを禁じた。ハドリアヌスは軍隊の野営地を設け、まったく新しい都市配置計画に従って周辺に小さな町を並べた。さらに悪いことに、この新しい町を、彼の一族とローマのカピトリヌスの丘の神々にちなんで「アエリア・カピトリナ」と改名した。こうして135年以降、エルサレムは名実共にもはや存在せず、人々の記憶から抹消された（あるいはハドリアヌスがそう望んだ）。

右：シオンの丘（手前）は135年から後にキリスト教徒が集まっていた区域で、現在アエリア・カピトリナの壁の外にある（ただしイエスの時代には上町の内部にあった）。

下：設計し直された都市アエリア・カピトリナ内のイエスの墓の上に、ハドリアヌスは異教の寺院と公共広場を建てた。画家による想像図。

下：ユダヤの2度目の反乱を記念してエルサレムで鋳造された硬貨。

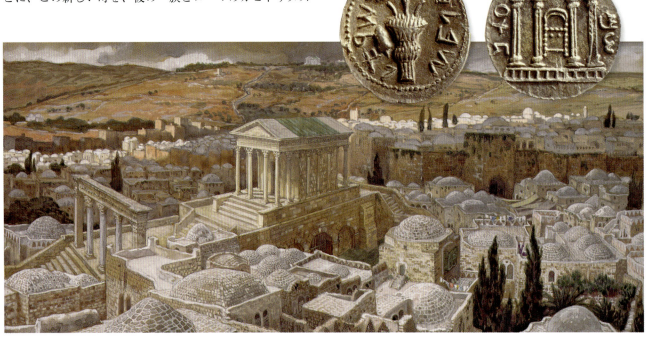

ローマ人とビザンティン帝国人（後70―630年） | 97

ユダヤ人の共同体は新しい状況に適応しなければならなかった。先に85年頃には、ヤムニアで重要な会合が開かれ、そこではパリサイ派の運動が台頭していたが、135年以降、このパリサイ派の、あるいは「ラビ的」ユダヤ教はさらに強力になり、シナゴーグでのトーラーの学びを基盤にしてユダヤ人のアイデンティティーを復興させた。

そうこうする間に、ユダヤ教の中心地は、セフォリスやテベリヤのような、北部の都市に移った。これらの（元来は異教の）町々は今や、ユダヤ教徒の生活と学術研究の、活気溢れる中心地となった。こうして200年頃、ユダヤ教の伝承の集大成（ミシュナー）がセフォリスで作られ、数世紀後にはパレスチナ・タルムードがテベリヤで作られた。以後1,500年以上の間、聖地でユダヤ教が存在する重要な場所は、ここガリラヤ湖周辺になる。

かなりの貧しさ

ただし、ローマがシリヤ・パレスチナと名づけた地域の住民の中でユダヤ人とキリスト教徒は少数派だった。70年と135年両方の荒廃の後に、退役軍人やローマの入植者を含む新しい人々がその地域に移って来た。幸いなことに、この時期に東部からの軍事的脅威はほとんどなかったが、この属州は全体として、経済的にかなり貧しい状態が続いていた。

唯一の例外は州都カイザリヤ・マリティマ（海辺のカイザリヤ）だった。ラビたちの中には，丘の上の宗教都市エ

下：異教の文化の存在を示す古代テベリヤの劇場。

ルサレムと地中海に面した世俗都市カイザリヤとの間に、対照的な違いが、さらには競争さえ暗示されていると感じる者もいた。エルサレムはもはやなく、カイザリヤは当然の評価を得ていた。

そして、キリスト教会がしっかりと根をおろし始めたのは、ここカイザリヤだった。すでに200年までには、教会の主教たちは「府主教」として認められ、パレスチナ全域を管轄していた。カイザリヤにはオリゲネス（253年か254年頃没）という多くの著作のある学者が設立した、重要なキリスト教図書館があった。しかしキリスト教徒の共同体は、ローマ帝国当局に煽動された激しい迫害を受ける運命にあった。まもなくカイザリヤの主教になるエウセビオスは、ディオクレティアヌス帝によって303年に煽動された8年にわたる迫害の間に、同時代人が被った残虐非道を列挙している本（『パレスチナ殉教者列伝』）を書き上げることになる。

こうして、4世紀になろうとする頃、パレスチナ全体にとっての見通し、特にキリスト教徒の共同体にとっての見通しは、暗いように見えた。次に何が起こるか、推測できる者はほとんどいなかった……

左：小さな門（大きな「三重の門」の一部）はハドリアヌスによって建てられ、現在はダマスコ門の左にある。

一番下：少なくとも3世紀から使われていた、ナザレのマリヤの家を記念した小さな洞窟の教会。現在は上に受胎告知教会が建っている。

下：古代ガリラヤの主要都市セフォリス（ナザレから7キロ）にある劇場とその他の建造物。

コンスタンティヌスの100年（310－410年）

325年にすべてが突然、変わった。エルサレムは、ローマ帝国東部に新しい皇帝コンスタンティヌスが到着したことで、劇的な模様替えをした。

305年に2人のローマ皇帝ディオクレティアヌス（東部）とマクシミアヌス（西部）は、ガレリウスとコンスタンティウスを後継者にすることに賛成して、退位した。翌年、コンスタンティウスは死に（ブリテン島北部で軍事作戦を展開中に）、これが大きな権力闘争の引き金となった。最終的にはコンスタンティウスの息子のコンスタンティヌス（ブリテン人女性ヘレナを母とする）が西部で勝利を収めることになる。軍事行動の間に、ミルウィウス橋での決定的な戦いの前夜、コンスタンティヌスは空に浮かぶ十字架を見、「イン・ホク・シグノ、ヴィンケ」（この印によって征服せよ）という言葉を聞いた。

....

下：皇帝コンスタンティヌスとその母ヘレナ。十字架の木をいっしょに持っている。

コンスタンティヌスが勝利して帝国の西半分を統治し始めると、結果として、キリスト教徒（今や、帝国全体の人口の15％を占めていたと思われる）への迫害はやんだ。代わりにコンスタンティヌスは、キリスト教徒のエネルギーを自分の目的に利用しようとした。そのため、コンスタンティヌスがアドリアノープルの戦い（324年）で競争相手のリキニウスを打ち破ったとき、今やパレスチナを含む帝国の東半分は、キリスト教徒の理念を積極的に支持する単一の皇帝の支配下に入ったのである。

戦略のビジョン

翌年7月に、パレスチナの主教たち（カイザリヤのエウセビオスとエルサレムのマカリオスを含む）はコンスタンティヌスがニカイアで主催した壮観な会議に招待された。ニカイアは、ビザンティウムという小さなギリシャの植民地の場所に建てられた新しい帝都、「新ローマ」（今やコンスタンティノープルと改名された）からあまり遠くなかった。宮廷の華麗さに取り囲まれて、「キリスト教徒のパレスチナ」という、いまだ開拓されていない可能性を夢見ながら、皇帝とおしゃべりすることができた。

というのは、300年前、この属州では、この主教たちが今や神の御子、全宇宙の主として礼拝している、パレスチナで独特の生き方を貫いた人物の生涯が目撃されていたのである。だから、当時知られていた世界の大半を統治するまでに高く上げられたコンスタンティヌスが、この王の王に関連のある場所に栄誉を授けるということ以上にふさわしいことがあるだろうか。また、ローマの十字架で磔刑にされた人物の潔白を公に証明することも、ローマ皇帝にふさわしいことだった。それでコンスタンティヌスの「聖地計画」と呼ばれているものが始まった。すなわち、福音書に記録されたイエス・キリストの生涯に関連のある一連の土地の上に、キリスト教のバシリカ（すなわち王の建物）が建てられ始めた。コンスタンティヌスにとってこれは、彼自身の雄大な支配による力と一致の象徴を、臣民たちに与えることでもあった。

....

右：聖墳墓教会（正教会では適切にも復活教会と呼ばれる）内の、キリストの墓の入り口からの眺め。

類を見ない考古学的発見

　最優先課題は、イエスの死と復活の場所を忘却から回復させることだった。コンスタンティヌスの派遣した発掘者たちは異教の神殿を解体したが、それはハドリアヌスが135年にエルサレムを再整備していた際、それらしい地点の上に設置されたものだった。これは賭けだった。もし地元のキリスト教徒の記憶が間違っていたら？　今さら何も見つからなかったら？

　しかし、あった！　作業員が突然に、「まったく思いがけず、私たちの救い主の復活を物語る、尊い、神聖な記念碑」を発見した驚きの瞬間を、エウセビオスは誇張と興奮に溢れた言葉で描写している。「闇に葬り去られた」後、「それは再び光の中に現れて」、300年前にイエス自身の肉体に起こったことと著しく似たものを見せてくれたのである。すなわち、埋葬に続く復活である（『コンスタンティヌスの生涯』3:25）。古代社会でほとんど類を見ない、この危険な考古学的発掘は、埋められていた宝を発見した。

　発掘者たちは付近にほかの墓も発見し、ここが1世紀にユダヤ人の墓地だったことを確認した。しかし彼らは、そのうちの1つをイエスの墓と特定し（おそらく、特徴が福音書の詳しい解説に一致していたため）、次にその周りの天然の岩を切って、墓が自立した構造物になるようにした。礼拝者はイエスの墓の周辺を歩くことができるようになり、そこは大きなドーム（約20年後に完成。「アナスタシス」または「復活聖堂」として知られている）の下の、主要な特徴となった。一方、東のほうには、中庭と巨大なバシリカ（「マルティリウム」または「記念堂」として知られる。335年9月にようやく奉献された）が建設された。

　エウセビオスは、墓の発見後まもなく皇太后ヘレナが墓を訪れたときの様子を綿密に記している。ヘレナは、さらに2つのバシリカの建設を依頼した。1つはベツレヘムの聖誕教会、もう1つはオリーブ山の「エレオナ」（あるいは「オリーブ」教会）である。しかし、これは重要なことだが、エウセビオスは、私たちが期待する、木の十字架の発見に関しては何も記述していない。4世紀末までには、ヘレナが奇跡的な手段によって発掘物の中の木を本物の十字架だと特定したという噂と伝説が、帝国中に広まっていた。エウセビオスはこの話に気づいていたが、瓦礫の中から発見された木が本物であるということには懐疑的だったため、その話題に触れなかったという可能性は高い。エウセビオスの関心は、本物であることを示す特徴を備えたキリストの墓に集中していたからである。

エルサレム──中央に戻る

　エルサレムは再び地図に載るようになり、訪問者が群れをなした。333年にはボルドーから来た男性が短い旅行記を書き、また精力的なスペインの修道女エゲリア（384年頃訪問）の日記からの詳細に過ぎる記述がある。エルサレムにやって来て、オリーブ山やベツレヘムに修道士の共同体を築いてとどまる者たちもいた。

　これらのことはエルサレム内のキリスト教徒たちに大きく影響した。その頃までには、キリスト教徒はかなり少数になっていた。エウセビオスは、

右：聖墳墓教会の上から南西に向かって眺めると、コンスタンティヌスが最初に建てた教会の範囲がわかる。大きな聖堂（中央）から細い通りまたは通路（左下）までである。ウマル・モスクのミナレット（光塔）とルター派の贖い主教会の塔にも注意（中央、左寄り）。

ローマ人とビザンティン帝国人（後70―630年） 103

『コンスタンティヌスの生涯』より前の著作『教会史』（290年頃）に、エルサレムのキリスト教徒たちは自分たちの主教のリストを作り、重要な公文書を保管し、初代「主教」ヤコブが使っていたという椅子を大切にしていたと書いている。しかし今や、彼らは、自分たちが新しいキリスト教世界の中心地にいることに気づいた。アエリア・カピトリナはもはやなく、エルサレムは生まれ変わった。エウセビオスが黙示録21-22章に預言されている「新しいエルサレム」と比べたほどである。

多彩な性格のキュリロス（348年以降エルサレムの主教）のもとで、物事はさらに発展した。その年、バプテスマ志願者のための講義の中で、キュリロスはエルサレムの「卓越性」というこのテーマをさらに発展させた。エルサレムは十字架と復活の都であり、聖餐が制定された場所であり、聖餐は復活の最高の焦点だった。「他の者たちは聞くだけだが、ここで私たちは見て、触れることができる。」キュリロスは、どのようにして「十字架の木」がエルサレムから「全世界」に広まったかを誇りをもって記述している（『教理問答講義録』14：26、13：22、10：19）。

キュリロスのエルサレムに対する熱心は、彼が「聖週間（受難週）」を発展させたことにはっきり現れている。これは、しゅろの日曜日からイースターまでの8日間の祝祭で、イエスの最後の活動が順次に、実際に起こった場所で思い出された。人々はベタニヤまで行進し、ゲッセマネで蝋燭

上：降誕教会は皇帝ユスティニアヌス（527-565年）によって再設計された。コンスタンティヌスの時代のバシリカにあったモザイクの床は、落とし戸（左下）の下に見ることができる。

左：ベツレヘムでは珍しい雪景色。降誕教会から西へ飼い葉桶広場の方に向かっての眺め。

下：アルメニア教会の聖ヘレナ礼拝堂（聖墳墓教会内の地下にある）は、ヘレナがここか近くの貯水槽で「十字架の木」を発見したことを記念している。

を灯して祈り、ゴルゴタ周辺で徹夜の祈りをした。キュリロスのエルサレムでの聖週間の祝いは、体力を消耗したことだろうが、深く心動かされ、元気づけられる体験でもあった。

　そして人々は生まれ故郷に戻ると、自ずと地元の聖職者に、故郷でこれを実施できないものだろうかと尋ねるようになった。その結果、コンスタンティヌスから100年たたないうちに、教会暦の全体の形（待降節とクリスマスからイースターとペンテコステまで）が地中海周辺に広がり、もう1つのエルサレムの遺産がさらに広い世界に広まった。

　それ以来この全行程は、それらの出来事が実際に起こった場所で、あるいはそれに非常に近い場所でイエスの生涯の物語を祝うために、世界中からキリスト教徒が聖地を訪れるたびに、繰り返されて来た。正教会、カトリック教会、アルメニア教会、コプト教会、エチオピア教会など歴史のある教派に属する人々は、キュリロスの時代からほとんど変わらない典礼の形式を用いている。そして、たとえ言葉や伝統が違っても、エルサレムで、最初のイースターの日に都の城壁のすぐ外側で聞かれたあのメッセージを一緒に宣言することには、彼ら全員にとって、他では得られない、力強いものがある。「ここにはおられません。よみがえられたのです！」

右：「クリストス・アネスティ！（ギリシャ語で「キリストはよみがえられた」）」。聖土曜日にキリストの墓の入り口でギリシャ正教会の総主教が聖なる火を披露する、待ち望まれていた瞬間。

右端：聖墳墓教会内のロタンダ（円形建物。340年代に最初に完成）からの眺め。礼拝者たちはエディクラ（キリストの墓の上に建立）の周りに群がり、イエスの復活を劇的に象徴する聖なる火が現れるのを待っている。

ローマ人とビザンティン帝国人（後70―630年） | 107

ビザンティウムの支配

コンスタンティヌスは一度も聖地を訪れたことがなかった（ヨルダン川で洗礼を受けたいと死の床で語ったが）。しかし、この地に対する彼の熱意と関心は、その後3世紀の間、イスラムの到着（638年）を経て、実際その後も続く遺産を残した。

エルサレムは復興を経験し、世界大の教会の国際的な中心になった。エルサレムの人口は、新たなキリスト教徒の住民で膨れ上がった。多くはギリシャ語を話すキリスト教徒だったが、少数派の大半は、ビザンティン帝国以外から、例えばシリヤやアルメニア（301年にキリスト教を国教とした最初の国家）から来ていた。

建設ブーム

新たな通りや家々と共に、たちまち建設が盛んになった。聖墳墓教会が完成した後で、さらなるバシリカが、シオンの丘の上にある都の外側に1つ（ペンテコステの出来事を記念して、また、「アエリア」の時代にキリスト教徒の共同体が礼拝を行っていた場所を示すために）、そして城壁の内側にもう1つ（おとめマリヤに奉献された「新しい」

ローマ人とビザンティン帝国人（後70—630年） | 109

教会）、造られた。

　エルサレムがキリスト教徒のものになっていくという現象は、特に女性たちを引きつけた。ヘレナやエゲリア（前述）のほかに、他の熱心な女性の訪問者（ベツレヘムの修道士ヒエロニムスの友人たちパウラとエウストキウムのような）や、オリーブ山（ゲツセマネにある新しい「恩寵教会」に近い）に住む修道女たちのことも知られている。彼女たちは都の祝典の儀式に参加した。

　また、ある女性たちは、この建設ブームのための資

左端：ヨルダンのマダバにある6世紀の教会内部の大きなモザイク床。ビザンティン時代のパレスチナを描いている。

下：バルサ材製、ビザンティン時代のエルサレムの模型。現在のダマスコ門からカルド・マクシムス（南北方向の基幹道路）に沿って南へ進むと聖墳墓教会（上：拡大写真）がある。

金として、私有財産から惜しみなくささげた。ポエメニアはオリーブ山の山頂に小さな八角形の建物を建てる資金を提供した。この「インボモン」はキリストの昇天の瞬間を記念するもので、昇天は、以前は50メートル南にある洞窟の上に建てられたコンスタンティヌスのエレオナ教会で記念されていた。しかし巡礼者たちは、「洞窟で昇天した」というのでは言葉の上でどうしようもないほど矛盾していると気づいていたので、ポエメニアの小さな建物が空に向けて開かれて建てられたとき、非常に喜んだ。それは、はるかに昇天を想起しやすいものだった!

同様に、5世紀になると、皇妃エウドキア(テオドシウス2世の妻)によって、さらに多くの建築事業に資金が提供された。エウドキアは438年に初めてエルサレムを訪れ、最終的にはそこで460年に死んだ。エウドキアの後援で都の城壁が完成され、さらなるバシリカのための基礎が築かれた。今度のバシリカは、キリスト教徒の最初の殉教者で、城壁の外側のどこか(彼らが推論したように、ダマスコ門の北側の地域と思われる)で死んだステパノを記念するものだった。

上:ヘロデの神殿の高台があった広大な領域をビザンティン時代のキリスト教徒は故意に開発しなかった。イエスが神殿の破壊を予告した証拠とするためである。

巡礼者は史跡を要求する

エルサレムの外側でも開発があった。キリスト教徒の巡礼者たちは、当然ガリラヤを訪れたがった。この地域の住民はユダヤ人が圧倒的に多かったが、テベリヤのヨセフがコンスタンティヌスに小さな教会を幾つか建てる許可を嘆願して、地域の反対にもかかわらず、ナザレとカペナウムの両方に（1世紀以来、ユダヤ人キリスト教徒の小規模な集団が住んでいたようである）教会が建設された。

カナ（イエスが婚礼に出席したことを記念する）、タボル山（イエスの変貌の場所として）、ヘプタペゴン（すなわち「7つの泉」）のように、福音書に登場する場所として、すぐに特定された地点もある。以上のうち最後のヘプタペゴン（現在はアラブ語のタブハで知られている）は、湖畔の、巡礼者がカペナウムに着く直前の場所にあった。ここではイエスの山上の説教、漁師の弟子たちとの出会い、5千人の給食の奇蹟、という一連の福音書のエピソードを記念することができた。

右：ビザンティン時代のエルサレムを南北に貫く大通り（カルド・マクシムス）にあった5つの柱。

下：ベイト・アルファの6世紀のシナゴーグの中のモザイク床。アブラハムがイサクをささげる場面（手前）を描いている（創世22章）。

これら史跡の多くは、聖書的証拠に則って正確に特定されたものではなかったであろう。例えば5千人の給食を、福音書記者は「人里離れた、寂しい所」で起こったと記している。おそらくカペナウムからもベツサイダからもかなり距離があった（だとするとたぶん湖のはるか北東側）。しかし、これらの誤った認定には、基本的な実用性という効果があった。今も昔も巡礼者には、具体的な場所（曖昧な場所やただの可能性ではなく）を好む傾向がある。本来の場所の中には、特定することが難しく、確実に人里離れた所にあるものもある。こうして、例えばイエスの変貌の場所は（エウセビオスが正確に推測したように）はるか北の、ヘルモン山麓の丘にあったと思われるが、2、3年後に現れたキュリロス主教にとっては、ナザレに近いタボル山を断定的に選ぶほうが、ずっと便利だった。

　福音書に出て来る場所を発見したいという巡礼者の欲求が、このビザンティン時代初期に、おびただしい数の場所が選び出される原因になった。それらの場所はすべて、たとえ賢明な理由で選ばれたとしても、完全な信頼性はほとんどなかった。逆に、コンスタンティヌスの登場後ではなくその前に特定されていた場所（イエスの誕生と埋葬の場所、ナザレにあるイエスの家、カペナウムにあるペテロの家など）は、本物である可能性が高い。さらにスカルの井戸（イエスが座って、サマリヤの女性に話しかけた場所だとヨハネの福音書4章に記録されている）は、確信をもって特定できる。井戸は動かないからである。少なくともここでキリスト教徒の訪問者は、ここがその場所だと確認できる。

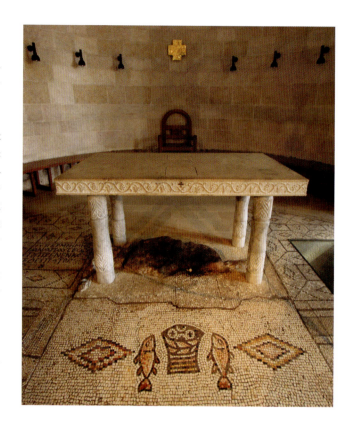

上：パンと魚を描いた5世紀のモザイク画。タブハにある、イエスが5千人に食べ物を与えたことを記念するベネディクト会の教会内に保存されている。

下：タボル山を正面に、南東方向の眺め。イエスの変貌を記念した近代のイタリア風の教会が見える。

「町である荒野」

この、新たに開拓されたキリスト教徒の聖地への関心は、他方面でも聖地に影響を及ぼした。巡礼者のためにもっと良い道や宿泊施設が必要になり、遺物の売買が（しばしば、いささか常軌を逸した形で）盛んになってきた。人々が訪問の記念として貴重な品を持ち帰りたがったからである（考古学者は、オリーブ油や、土まで持ち帰る人々のための小さな壺をたくさん発見した）。

荒野には強力に人を引きつける魅力もあった。280年頃に隠修士として最初にエジプトの荒野に出て行ったアントニオスに倣って、おびただしい数のキリスト教徒が、かつてイエスが祈るために用いたユダヤの荒野に、ひとり暮らしをするために流れ込んできた。

最初のパレスチナ人の修道士として知られるカリトンは、330年頃に小規模な荒野の共同体を築き、後の世代の修道士たち（エウテュミオス、サバス、テオドシオスのような）がそれに続いた。聖サバスと関わりのある修道院（マル・サバ）が今日まで続いている（94-95頁参照）。最盛期（6世紀）にはエルサレムとベツレヘムの東にある荒野にいる修道士は3万人に上った。記憶に残る言い回しを使うと、こうして荒野自体が「町になった」のである。

修道士の共同体には基本的に2つのタイプがあった。1つ（パコミウス〔292-346年〕によって発展したコエノビウム）は、小さな要塞のような建物に修道士たちが一緒に住むもので、もう1つ（ラウラ、「小路」を意味するギリシャ語）では、修道士は通路または小路に沿って広がる個々の洞窟に住み、日曜ごとに礼拝や会食のために集まって来る。そこには、クリスマスやイースターには、西の地平線にある近くの、受肉の町（ベツレヘムやエルサレム）で祝典の儀式に参加できるかもしれないという楽しみもあった。

時として、これらの荒野の教父たちは、自分たちが逃れたかった教会の政争に巻き込まれた。エルサレムの主教ユウェナリスがキリストの「両性」について議論するためにカルケドン公会議（451年）に出席していたとき、このエジプトのキリスト教徒たちのように「単性」に賛成する側につくのではなく、正教会側についたので、この人たちは非常に驚いた。そのため、ユウェナリスがビザンティン教会内で第5の「総主教管轄区」としてのエルサレムの地位を確保したにもかかわらず、ユウェナリスがエルサレムに戻って来ても、荒野の修道士たちは、彼が期待したほどに

....

上：ゴジバの聖ゲオルギオス修道院は、5世紀以来、エリコから2キロ西の、ユダの荒野にあるワジケルトの片側の斜面にある。

は心を動かされなかった。

　結果的には、5、6世紀には、聖地は穏やかで繁栄していた。おもだった不穏な動きはサマリヤ人が引き起こしたもので、ビザンティン帝国の支配に対して4回にわたって反旗を翻した（484、500、529、555年）。しかし、どちらかといえば長く平穏なこの時代は、7世紀初期に突然終わりを迎えることになる。このとき、コンスタンティノープルの為政者たちは、東からパレスチナに入って来た2つの（非常に異なった）民族に屈服しなければならない。それは、まずペルシャ人、次いでイスラム教徒である。荒野の修道士やエルサレムの住民にとって、キリストご自身が聖地を支配していると感じるようなのどかな日々は、まもなく、過去のものとなる。

上：シヴタにあるビザンティン時代の教会を夕日が照らす。シヴタはネゲブ砂漠の奥深くにあった町（ベエル・シェバから南西に40キロ）で、最初はナバテヤ人が住んでいた。

右：聖墳墓教会内のロタンダ（2000年再建）。キリストの墓を覆っているエディクラ（1810年再建）のはるか上に位置する。

ローマ人とビザンティン帝国人（後70—630年） | 115

第6章
イスラム教徒と十字軍
（630－1291年）

征服者がラクダに乗って聖都に入る。別の征服者が、激しい戦いの日々の最後に、
降伏した敵を天幕でもてなし、冷たいシャーベットを振舞う。
1人の女性が大殺戮から50年後に、ヨベルの祝典を指揮する。
港で男たちが、待っている2、3隻の船に逃げ込む前に、最後の戦いを行う……

イスラム世界の到来

614年は今でも人々の記憶に残っている。ビザンティウムと拡大を続けるササン朝帝国との間で落ち着きのない休戦協定が締結された後、王ホスロー2世はペルシャ部隊をパレスチナに送った。これは2つのまったく異なる侵略の一回目で、これより20年後のイスラム勢力による侵略は穏やかだったが、このペルシャ人による侵略は残虐だった。

ペルシャによる虐殺

その結果は破壊的だった。20日間包囲されたエルサレムは降伏した。修道院と教会は破壊され、修道士は虐殺され、巡礼者たちは逃げ帰らされ、遺物は略奪されて、ペルシャの首都クテシフォンに移された。破壊を免れたほぼ唯一の建物はベツレヘムの聖誕教会で、(入り口の上の壁画に描かれた)賢者のペルシャ風のかぶり物がペルシャ兵の心に残ったからにすぎなかった。兵士たちは東から来た、略奪をほしいままにする大群で、聖地の長い歴史のことはほとんど気にかけなかった。

ビザンティン皇帝ヘラクレイオスは長期戦を制して、ようやく(628年に)略奪された「真の十字架」の遺物をエ

ルサレムに持ち帰ることに成功した。その日、都は歓喜に沸いた（その記念日9月14日は今でもエルサレムの大祭の1つである）。しかし喜びは、つかの間だった。東の地平線の彼方に、第二の、さらに強大な勢力が姿を現していた。それはペルシャ部隊よりはるかに物静かにやって来るのであるが、来たら、そのままとどまることになる。それはイスラムという新しい教えだった。

2度目の侵略

ムハンマドの預言者としての力強い活動は、当初はアラビアのメディナで、622年からはメッカで展開されて来た。ムハンマドの信奉者はほとんどが遊牧民であり、635年3月までに北方に来てダマスコを包囲した。翌年には、エルサレムとカイザリヤの大都市を除くパレスチナ全土を支配下に置いた。最終的には638年にエルサレムは降伏し、カリフ・ウマルは、ラクダの毛で編んだ外套をまとってラクダに乗って入城することを要求した。高齢の総主教ソフロニオスは、この凱旋入城のためには着替えるようにとウマルを説得し、この新たな征服者と必要な交渉も行ったが、2、3週間のうちに心臓発作で死ぬ。そのため、これは25年の間に二度もエルサレムの占領を体験したためだと言われた。

初期の伝承によれば、カリフ・ウマルは、聖墳墓教会の中で祈るというソフロニオスの提案を故意に拒絶した。ウマルの信奉者たちが、自分たちの指導者が祈った場所すべ

下：神殿の丘と昔呼ばれた場所は、イスラム教徒にとってはハラム・エシュ・シャリーフ（「高貴な聖域」）である。銀のドームを持つアル＝アクサー・モスクが南端にあり、中央には金色のドームを持つ岩のドームがある。

てで自分たちも祈りたいと要求するだろうから、というのが理由だった。その代わりにウマルは、教会の南側（今日まで彼の名を持つモスクが建っている場所。102-103頁参照）に向かって祈った。

上：夕暮れ時の岩のドーム。背後にオリーブ山が見える。

3番目の「聖都」

　ウマルがエルサレムで大規模な建築事業に着手することはなかったようだ。実際、今の学者たちは、ウマルも後を継いだカリフたちもエルサレムに潜在する宗教的重要性には、特には関心を持たなかったのではないかと言っている。確かにムハンマドは、1つ目のキブラ（すなわち、祈る方向）として最初エルサレムを選んだが、13年後の623年か624年には、メッカが選ばれたためにエルサレムは見捨てられた。その代わりに、イスラム教徒のエルサレムへの傾倒は100年後（725年以降）に発展したように思われる。このとき、この都に敬意を払って、長い賛辞が書かれた。これらの賛辞は、「エルサレムでの1つの祈りは、他の場所での千の祈りに値する」と述べていて、エルサレムが終末の時代に起こる出来事の中で中心的な役割を果たすというイスラムの信念を現している。

　この、エルサレムの神聖さに対する新たな注目が明白になったのは、かつてユダヤ教の神殿があった場所に建築された2つの巨大な、印象的な建物に、イスラム教徒が反応するようになったときである。それは岩のドーム（アブド・アルマリクの命令で691年に完成）とアル＝アクサー・モスク（705年のアブド・アルマリクの死後まもなく

上：岩のドーム内の華麗なイスラムの装飾。

右：ドームの下にある岩（サフラ）は、昔の神殿の丘の一番高い場所にあったため、ソロモンの神殿の至聖所があった可能性が高い。

下：アル＝アクサー・モスクの内部、南向きの眺め。

建築が始まった）である。
　一方ビザンティンのキリスト教徒は、西にある別の丘（イエスの復活の場所）を重視するようになり、神殿が今にも破壊されるというイエスの予告を大げさなほど受け入れていたために、この広い区域を故意に手つかずに残していた。アルマリクは、エルサレムの都市計画の中の、この明らかに空白のスペースを利用した。神殿の丘（と南に面した居住区）は、都の中に、明確に識別できるイスラム教徒居住区を開発するための理想的な空間になった。そして隣り合う2つの丘の好対照は、「もしキリスト教がユダヤ教の輝きを覆い隠したのだと考えているのなら、今やイスラム教がキリスト教の輝きを覆い隠したのだ」という、はっきりした政治的メッセージを送っていた。
　岩のドームは、伝承によれば、アブラハムがモリヤの山で息子イサクをいけにえにささげようとした岩（サフラ）の上に建てられた。一方アル＝アクサーは、「最も遠いモ

スク」を指すアラビヤ語で、クルアーンの中の、ムハンマドが夜の間に天へ旅したという有名な話が記されているスーラ（章）から引用した言葉である。このような関連で、2つの寺院はイスラム教の中で崇敬される地位を得ている。かつての神殿の丘全域はハラム・エシュ・シャリーフ（高貴な聖域）として知られている。また、メッカは今なおイスラム教徒の祈る方向ではあるが、この聖域は今や1,300年以上の間、イスラム教の中で3番目の神聖な場所（メッカとメディナに次ぐ）として機能して来た。エルサレム自体がアラビヤ語で単に「聖なるもの」（アル・カド）と呼ばれるのも当然である。

高まる緊張

イスラム教徒の多くは、まだ遊牧生活を営む部族社会の人々だった。そのため、その後4世紀を通して、パレスチナに建てられたイスラム教徒の町はたった1つ（ラムラ）だけだった。さらにイスラムによる支配は、この地からかなり遠くにいる者たちによって行われた。すなわちウマイヤ朝（首都ダマスコ、661-750年）、その後にアッバース朝（首都バグダッド）である。そして870年代から、パレスチナの支配はエジプトの権力とトルコ系の権力との間で紛争の種になった。次の200年間、この地域は再び紛争の種になったが、宗教上のより広い範囲の駆け引きの駒となり、数多くの変動を経験した。

11世紀までに聖地の人口はビザンティン時代と比べて30％くらい減少したようである。おそらく、イスラム教徒が多数派を占めたことは一度もなかった。少数のサマリヤ人が居住し続けたり、ガリラヤにユダヤ人の大きな都市が幾つかあったり、キリスト教徒が田園地域とエルサレムに多かったりしたからである。この期間に、パレスチナには教会が60箇所以上あったのに比べてモスクが20箇所しかなかった、と見積もる人もいる。そ

して1093年にはイスラム教徒のある訪問者が「この国はキリスト教徒に属している。キリスト教徒が土地を耕し、修道院を養い、教会を維持しているのだから」と不平を言うことになる。

上左：14世紀のクルアーンの写本の一部。

下左：聖域でメッカに向かい祈るイスラム教徒。

下：近年に規制されるまで、金曜の祈りは何千ものイスラムの礼拝者を引きつけてきた。

ユダヤ人もキリスト教徒も「啓典の民」として、ズィンミー（すなわち「被保護民」）の立場を認められていた。しかし、これは増加する税とイスラムの支配を受け入れることを意味していた。この時期の大半は、特に貿易については、平和な共存と協力があったが、事態は1009年に暗転した。

それより前の937年と966年に、聖墳墓教会への放火攻撃が幾度かあったが、今度はエジプトにいたカリフ（アル・ハキムと呼ばれる）が、教会を完全に破壊するよう部隊に命じた。「そこの空と地面を同じ状態にせよ」と。部隊は建物をすっかり破壊した。広大なマルティリウム・バシリカは瓦礫と化し、キリストの墓を取り囲んでいた小さなエディクラ（厨子状の祭壇）は粉砕され、その上のドームは崩れ落ちて、墓は瓦礫に埋もれた。700年近く建っていたキリスト教界で最も雄大な教会の1つがほんの数日で抹消されてしまった。

世界中のキリスト教徒が、この蛮行にがく然とした。自分たちの信仰のまさに中心を記念する場所が汚されてしまったのだ。ビザンティン皇帝コンスタンティノス9世モノマコスの治世には、ささやかな再建が可能とされたが、基金不足のため、非常にわずかなことしかできなかった。まとまった資金をもって再建に応じることが必要だった。何か共同の努力が。

そのため、たぶん今が、聖地の歴史の中で自分たちが役割を演じる番なのだという思いが、次第に西ヨーロッパのキリスト教徒の間で高まっていた。こうしてパレスチナ

は、外側からのさらなる侵略を体験することになる。今度は東からではなく、はるか遠く西から来る暴力的な侵略である。

下：この小さなモスクは、オリーブ山頂上でのイエスの昇天を記念していた。4世紀のインボモン教会（110頁参照）に倣って十字軍が再建し、真ん中の建造物を天井がなく空が見えるままにしておいた。サラディンが屋根を付けた。

イスラム教徒と十字軍（630—1291年） 125

十字軍の100年間（1099－1184年）

こうして十字軍の時代になる。十字軍は、聖地の長い歴史の中で今なお強烈な反応を引き起こし、いつまでも続く遺産を残したエピソードである。十字軍の記憶は生き続ける。ある人々の中では戸惑いを助長するが、ある人々の中では憤りを助長し、また西欧社会の聖地への関心は、過去の過ちを繰り返す危険にさらされたままではないかという恐怖を助長しながら。

エルサレムでの大殺戮

どんな原因（経済的、政治的、あるいは霊的な）が重なって、十字軍戦士たちがヨーロッパの故郷を離れることになったのだとしても、聖地に与えた影響は劇的だった。第1回目の十字軍がパレスチナの海岸に着いたのは、1099年5月だった。兵士たちがエルサレムに向かって力強く進んでいくと、ラムラの市民は逃げ出した。兵士たちが初めて聖都の姿を見た（7月7日）のは、エルサレムの北西2、3キロにある丘（間もなく「喜びの山」と名づけられた）の山頂を行軍していたときだっただろう。そして6週間のエルサレム包囲が始まった。城壁の中には約2万人の住民（イスラム教徒と東方教会のキリスト教徒両方から成る）がいた。

右：パントクラトール（全能者）のキリスト。聖墳墓教会内のギリシャ正教会のカトリコン部分のドーム内に配置されている。ギリシャ風の装飾ではあるが、この建物はすべて十字軍が作ったものである（1149年再奉納）。

下：喜びの山にある十字軍の遺構からオリーブ山が南東10キロ先に見える（遠くではあるが現在3つの塔があるので見つけられる）。

　7月15日の午後にようやく、十字軍は城壁突破に成功して、狭い路地を通ってなだれ込み、目の前にいる相手をすべて殺しながら、聖墳墓教会を目指した。意気揚々と教会に入ると、テ・デウム（「神よ。感謝します……」）として知られる、古いキリスト教の賛歌（2世紀にさかのぼるもの）を歌った。しかし、それは殺戮にほかならなかった。

海岸沿いの要塞と内陸の城
　こうして、88年間のラテン王国が始まり、8人の「エルサレム王」（うち5人がボードゥアンという名）と1人異彩を放つ女王メリザンドが統治した。
　1099年以前の何年かは、より大きなシリヤの一部だったこの地域は、（ある学者が描写するように）「広大な紛争地域」となっており、ほとんどの町にもそこを治めるイスラム教徒がいた。新しく到着した十字軍は、この内輪もめを最大限に利用して、カイザリヤ、ハイファ、アッコの、そして少し後にツロ、シドン、ベイルートの、海岸の商業都市の支配権を間もなく確保した。しかし内陸では、ことはそううまくはいかなかった。
　肯定的に評価できるのは、全住民大虐殺という当初の政策は必要ではなく、実用性もないと彼らがすぐ気づいたことである。いずれにしても住民の多くは正教会のキリスト教徒で、十字軍は、同胞であるフランク族だけで聖地全土に定住するには、人数が足りなかった。一時的妥協が必要になった。そのため、最初に強盗を働いた後、十字軍は地元の小作農に対する扱いをよくし、地元のやり方で通商貿易を続けることを許可した。その一方でおもに都市に住みつき、地中海東部沿岸一体にベルボア（1168年完成）やニムロドなどの城を築き始めた。

たくさんの建築事業
　十字軍は西欧風の外観を備えたりっぱな教会の建設にとりかかった。もちろん最優先事項は聖墳墓教会の改装だった。彼らは墓の東に小さな教会を建てた（今ではカトリコンと呼ばれている）。その一方で1104年にはボードゥアン1世（1100-1118年）の別居中の妻が近くの女子修道院に入れられ、後にその修道院の礼拝堂は、聖アンナに奉献された新しいロマネスク様式のバシリカに建て替えられた。同様の再建は、シオンの山にある最後の晩餐に関連づけられた場所（コエナクルムまたは「セナクル」）でも起こった。その後、1160年頃に、アルメニア人キリスト教徒たちが聖ヤコブに奉献した、自分たちの大聖堂を建てた。
　この建築事業の鍵を握る人物は、華やかな女王メリザンドだった。メリザンドは王妃（1131-1143年）として、そ

イスラム教徒と十字軍（630—1291年）　129

左：ゴルゴタ（カルバリ）にあるギリシャ正教の礼拝堂。地上から約6メートル突き出た岩（ガラスの下で照明に照らされている）を覆うように、聖墳墓教会内部に建てられている。

下：ベテスダの池（ヨハネ5:2に出てくる）の上に建てられたビザンティン時代の建物の旧跡のすぐ向こうに、ロマネスク建築の聖アンナ教会（十字軍によって1131-1138年に建設）がある。

して息子ボードゥアン3世の摂政（1143-1153年）としてエルサレムを治めた。メリザンドの夫であるフルク王は偉大な城建設者だったが、メリザンドも、どの事業が重要かを見分ける力を持っていた。彼女には芸術に対するたいへん高い好みがあった。少なくとも、「メリザンドの詩篇集」（軽率な行動の後での愛のしるしとして夫が注文して作らせた）に見られる最上質の作品から、そう推察できる。そして彼女は、エルサレムの区域に新しいキリスト教建築物が確実に建つようにしたのである。

メリザンドはベタニヤに聖ラザロのための女子修道会の建物を造らせ、イスラム教の岩のドームがキリスト教の礼拝のために再び聖別される（テンプルム・ドミニすなわち「主の宮」として知られるようになる）ようにした。また、

聖墳墓教会の再奉献式にも全体的に関わっており、これは十字軍の最初の到着の50周年記念日（1149年7月15日）に行われた。

　十字軍関連事業の建設者たちは、エルサレムの外側でも忙しかった。カイザリヤ、ルダ、ヘブロン（そこで見つけたものを、アブラハムその他の族長たちの遺跡と理解した）には小さな教会が建てられ、ナザレには3つの後陣と7つの張り出し窓を備えた大きな聖堂が建設された。セバスティーヤ（古代サマリヤ）にあるバプテスマのヨハネの教会の円柱用に新たな柱頭が造られた。そしてエルサレム王アモーリー（1163-1174年）は、ビザンティン皇帝ともベツレヘムの地元主教とも協調していたが、度肝を抜くような、ベツレヘムの聖誕教会の大改装を行った。これは聖地では類のない形で、東の様式と西の様式を結び合わせている。

祈りと見守り

　この世紀の間に、相当な数の修道共同体が西ヨーロッパから来て、聖地に拠点を築いた。彼らもこれらの建築事業に協力した。タボル山にはベネディクト会、アブ・ゴッシュにはホスピタル騎士団、カルメル山には（当然のことながら！）カルメル会が建物を建てた。一方、フランシスコ会の共同体は「聖地の管理者」になるという特権を獲得し、福音書に関係する地点が祈りにふさわしい場所として維持

上右：十字軍によって建てられ（現在アブ・ゴッシュと呼ばれる地域に）、復活のキリストがエマオに現れた（ルカ24:13-35）ことを記念するフレスコ画（1170年頃）で装飾された教会にて、ベネディクト会による礼拝。

右下：シオンの丘のセナクル。フランシスコ会が1335年に特徴的なゴシック様式のアーチとともに再建した。セナクルとは「二階の広間」のことで、その内部でイエスの最後の晩餐を記念する。

下：聖アンナ教会の簡素な内装。

イスラム教徒と十字軍（630—1291年） | 131

されるようにするという特別な責任（今日まで続いている）を負った。

　しかし祈るための静かな場所は、まもなく見つけにくくなる。1169年にはダマスコのスルタンであるヌール・アッディーンがエジプトを強固なイスラム教支配の下に置く。1174年にはヌール・アッディーンの高官で、サラディン（あるいはサラーフ・アッディーン）という有能な戦士が後を継いだ。ラテン王国はイスラム教徒が最終的にどのように反応するかを心配して待ちながら、状況を見守り続けてきた。今やラテン王国は包囲され、余命いくばくもなかった。

サラディンと十字軍の最期

1187年7月4日土曜日。この日は聖地の物語の中で重要な日となるだろう。サラディンはテベリヤにある重要な城塞に向かう途上で、約3万人の軍を率いてガリラヤを進軍していた。

一方、アッコに軍司令部を置く十字軍部隊は、最近即位した王ギー・ド・リュジニャンの指揮下で、その地域で活動していた。継続中の両陣営の「消耗戦」は最初の直接対決を迎えようとしていた。

右下：黄金の門。中世に、メシヤのふりをする者がエルサレムに入って来ないようにと閉じられた。

下：いわゆる「ハッティンの角」（テベリヤから3キロ西）。アルベル峠とガリラヤ湖との上にある。

丘を下って突撃

サラディンによって、一晩泊まる場所からも、水の供給からも離れた所におびき出されて、ギーの部隊は東に移動し、テベリヤの上、ハッティンの角という頂に向かって進軍した。十字軍兵士は鎖かたびらを着て過剰に汗をかいており、水が必要でしかたがなかった。喉が渇き、消耗した状態で丘の頂上にたどり着いたが、そのとき、イスラムの軍隊が下の傾斜地にいるのが見えた。やるなら今しかなかった。

ギーは、精鋭の騎兵隊に、丘を下って敵軍に突撃せよと命じた。彼らが出撃し、速度を増していき、あわや一触即発の瞬間に、サラディンの兵士たちは反撃に出る代わりに両側に分かれ、十字軍の馬がテベリヤに向かって丘を駆け下りるに任せた。

十字軍の主力を首尾よく取り除いて、サラディンの有名な射手たちは、素早く残党を一掃した。ギーは捕らえられ、その夜遅く、サラディンの陣営の天幕で冷たいシャーベットを振舞われた。中東の将軍から西ヨーロッパ人へのからかいを含んだこの行為は、水が軍事的成功の鍵であることを暗示している。

最後の頼みの綱

この壊滅的な敗北は、事実上、聖地での十字軍の事業の終わりを意味した。11週間後、サラディンの軍勢はエルサレムを包囲した。城壁の後ろには６万人がひしめいており、イブラン家のバリアンは強力な「交渉」戦術を用いて（岩のドームを破壊し、エルサレムでは少数派のイスラム教徒を虐殺する、と脅迫して）、和平協定を求めた。40日後にようやく、十字軍兵士でも、自分の身代金を払うだけの経済力のある者は自由の身となるということで合意した。それ以外の者は（最終的には15,000人）捕虜となった。こうして、現代のイスラム教徒の評論家が「イスラムの印章指輪の宝石」と述べた岩のドームは、本来のイスラム教徒の所有へと、しかるべく回復された。

サラディンは間もなく移動を始めた。８月にはアッコで十字軍を打ち破っていたが、ツロではそうではなかった。11月になってもツロは持ちこたえており、サラディンがアッコの外側で陣営を構えていた十字軍部隊と戦争したときは、手詰まりの状態になって終わった。翌春、サラディンは、西ヨーロッパからさらなる十字軍が来るという噂を耳

にすることになる。どうやらフリードリヒ赤髭王が20万を超す軍勢を率いて、小アジアを通り、聖地に向かっているところらしかった。6月8日には、リチャード獅子心王がイングランドから到着し、25隻のガレー船を率いて海路からアッコに入った。

十字軍にとって将来は明るいように見えた。1191年までにリチャードはフランスのフィリップ2世とともに、ツロとヤッフォといっしょにアッコを回復し、1993年にはサラディンが死んだ。しかしフリードリヒはキリキヤのサレフ川で事故のため溺死し、士気をくじかれた軍隊は事実上、消え失せた。次の100年間、十字軍運動は事実上、海岸に頼みの綱が少数ある状態にまで切り詰められてしまった。エルサレムの支配権は二度と回復できなかった。

1229年にフリードリヒ2世がスルタンと条約を締結し、キリスト教徒はエルサレム、ベツレヘム、ルダ、ナザレに行けるようになった。20年後ルイ9世がエジプト侵略と、アッコ、カイザリヤ、ヤッフォの再建に、ある程度成功した。何箇所かの田園地域には少数のフランク族居住区が残って

上：いわゆる「ダビデの塔」。もとはヘロデ大王の宮殿であったが、かなり後に十字軍が要塞とした。

右：十字軍時代の聖墳墓教会の表玄関（南側からの）。

左：カルバリの上にある礼拝堂で、日課である「十字架の道行き」を行うフランシスコ会の修道士。

イスラム教徒と十字軍（630—1291年） | 135

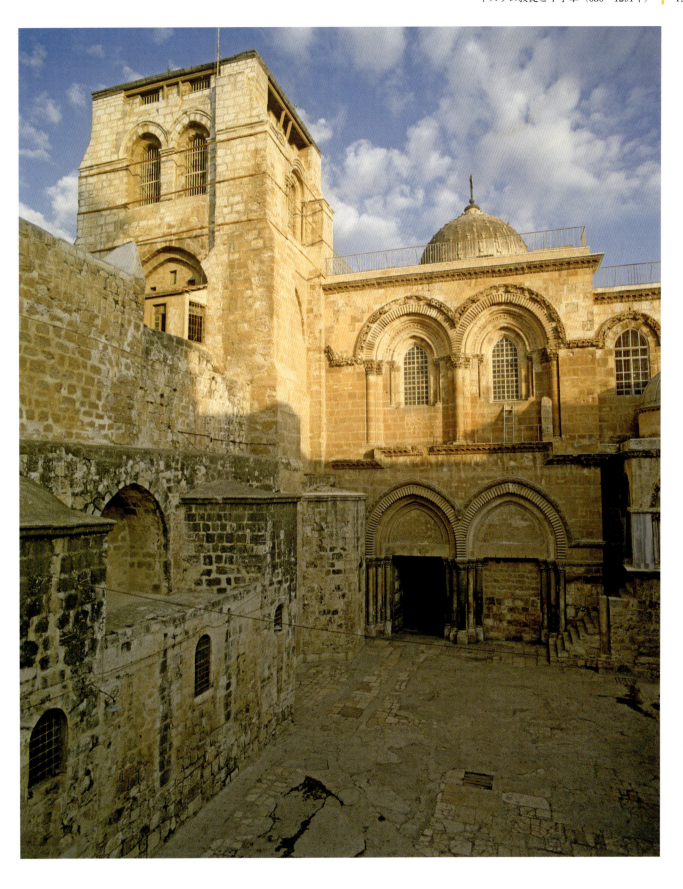

いた。しかし全体的に、十字軍の存在感は弱まっていた。時代の動向に合わせて、この時期、エルサレムのギリシャ総主教は普通アッコに住み、ラテン王国の「エルサレム王」は、はるか遠くキプロスに本拠地を置いていた。ラテン王国は聖地の端にしがみついている海岸沿いの飛び地だけだった。

最後の出発

1260年頃、なおもう１つの脅威がこの地方を覆った。はるか東から来たモンゴルの侵略の可能性である。パレスチナにとって幸いなことに、エジプトの新興勢力マムルーク朝（スルタン・バイバルス〔1260-1277年〕のもとで）がモンゴルを寄せつけなかった。ただしバイバルスは、十字軍への攻撃でも非常に成功し、1263年には完成したばかりのナザレの大聖堂を破壊し、相当数の十字軍の要塞を攻め取り、彼らの海上交易を壊滅させた。年々、十字軍の貧弱な領地は削り取られていった。

1291年には、最終的に、聖地内にあった十字軍の最後の要塞が永遠に失われた。何か月にも及ぶ激しい戦闘の末、５月28日にアッコはマムルークの勢力の手に落ちた。十字軍運動は他のプロジェクトを見つけるかもしれないが、キリスト教の聖地の再建という本来の目的は、不名誉な終わり方をした。こうして十字軍兵士たちは、パレスチナの海岸を後にしたが、ある意味では、彼らの訪問が投げ掛けた陰は決してそこを去らなかった。

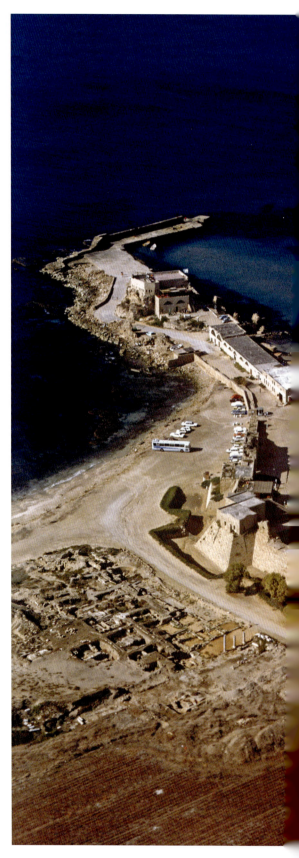

右：カイザリヤにある十字軍時代の城壁（浸水したヘロデの港の跡が遠くに見える）。

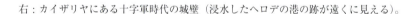

下：聖墳墓教会の地下にある聖ヘレナ礼拝堂まで続く石壁に十字軍の兵士や巡礼者が彫った十字架。

イスラム教徒と十字軍（630—1291年） 137

のがれの町。十字軍の最後の砦アッコ。

第 7 章

オスマン帝国人と西欧人
（1291－1948年）

アラブの部族の荒野での遠征に1年間同行した直後のイギリス人男性。
エルサレム城壁の外側に家を建てるようにと同胞のユダヤ人を励ましているユダヤ人実業家。
祈るためにエルサレムにやって来る、ロシア正教会の巡礼者
あるいはさまざまな国からのイスラム教徒の群れ。
ある人は観光客として、ある人は長期滞在者として、
ある人は宗教的な理由で、ある人は経済的あるいは政治的な理由から、
しかし全員が、聖地という一点に集中しようとしている。
まもなく聖地は、さまざまな民族、宗教、個性で泡立つるつぼになっているだろう。
500年以上比較的平穏だった後で、聖地は再び嵐の海に向かって進んでいく……

マムルークとオスマン帝国

1291年に十字軍が撤退した後、聖地は比較的平穏になった。最初は、エジプトに拠点を置くマムルークの支配下に、200年以上後にはコンスタンティノープル（この時以来イスタンブールとして知られる）に拠点を置くオスマン帝国の支配下に置かれた。大規模な侵略も大惨事もなく、500年以上が過ぎた。もちろん、今にして思えば、これは嵐の前の静けさにすぎなかったようだ。

聖地が安定していたのは、イスラム世界と近隣諸国（東であれ西であれ）の間で争いを引き起こす「最前線」が、もはやパレスチナを通っていなかったからだ。特にキリスト教ヨーロッパとの境界線は、今やはるか西のキプロス、後にバルカン諸国とマルタに引かれていた。もはや誰も政治的な理由で聖地をねらって戦うことはなかった。

唯一の政治に関わる出来事は1517年にあった。オスマン・トルコが、100年間で力を増した（1453年にコンスタンティノープルを、1460年にアテネを占拠）後、マムルークからエジプトと東地中海沿岸の全領土を奪い取ったことである。

「被保護民」

聖地には、この出来事はほとんど影響しなかった。支配権がまだイスラム教徒の手にあることは明らかであった。ただし、統治者たちは今ではさらに遠くに住んで、地方官僚を通して事を処理するようになっていたが。しかしこの出来事の結果、エルサレムは、スレイマン大帝の治世（1520-1566年）に、破壊されていた城壁を再建することになった。エルサレムの住民たちは今後何世紀もの間、攻撃から守られるだろう。

だとすると、この500年間、イスラム教の支配は既定の事実だった。ユダヤ人であってもキリスト教徒であっても、住民は、この現実を受け入れなければならなかった。彼らは現状維持で生活し、身を落ち着けて——政治的な地位は劣る、ズィンミーすなわち「被保護民」として——自分たちにとって重要な歴史を持つこの地で平和に暮らすことにとりかかった。

ガリラヤ地方ではユダヤ人口が急激に増えた。テベリヤとツファトの両方がユダヤ教の「聖都」（エルサレムとヘブロンとともに）であると考えられた。偉大なユダヤ人哲学者でトーラー学者のマイモニデスは、自分が死んだ（1204年）後、遺体をエジプトからテベリヤへ持って行ってほしいと頼んだ。また16世紀からツファトは、カバラとして知られるユダヤ教神秘主義の代表的中心になった。

一方、キリスト教徒の村や町は聖地中に点在していた。

右：オリーブ山を東に（左）見たエルサレム旧市街地の鳥瞰図。イスラム教徒居住区は北、キリスト教徒とアルメニア人居住区は西（右中央と上）、そしてユダヤ教徒居住区は南東にある。

下：オスマン帝国の役人が着た伝統的な服。

オスマン帝国人と西欧人(1291—1948年) | 143

これらのキリスト教徒は、イスラム教の到来以前に聖地に住んでいた正教会のキリスト教徒の子孫で、日常生活ではアラビヤ語を自然に使っていたが、礼拝ではビザンティン教会のギリシャ語の典礼を用い続けていた。彼らの多くは、アルメニア、シリヤ、コプト、エチオピアからの、キリスト教の他の「東方」派の代表者たちと一緒にエルサレムの市内か近辺に住んでいた。

これに「西方」のキリスト教徒（ローマにいる教皇と聖餐を共にする）も加わった。大部分が「ラテン（あるいはローマ）・カトリック」と「ギリシャ・カトリック（マロン派としても知られる）」である。今でも西側からはポツリ、ポツリと巡礼者が訪れ（宗教改革によって生まれた新しいプロテスタントの教派の巡礼者は非常に少なかったが）、福音書に関係する歴史的な場所はフランシスコ会によって保存されていた。しかし、全般的にイスラム教当局は、そのような場所の大掛かりな再建を妨げた。例えば、フランシスコ会は1620年にナザレの大聖堂の廃墟を買い戻すことに成功したが、1730年になってやっと、ほんのささ

やかな再建を試みることができた。

時が経つにつれて……

　以上のようなオスマン支配の数世紀の間、新しい都市が築かれることはなかった。都市と田園地域の生活パターンは何ら変わらないままそれぞれの次世代に受け継がれ、伝承は深く埋め込まれるようになった。そのため、19世紀初期に西ヨーロッパ人が聖地に戻り始めたとき、聖地は古色蒼然としていた。何世紀も時間が止まったままであったかのように見えた。しかし、突然、時計は動き始めることになるだろう。速く、より速く。聖地の前近代的な世界の中の、時間の止まったような田園風景は、台なしにされようとしていた。

上：ダマスコ門を入ってすぐの場所での、オスマン帝国時代のエルサレムの日常の市場（1914年3月撮影）。

左：聖地は遠くのイスタンブールを基地とするオスマン帝国の支配下にあった。これはスルタン・セリム3世がイスタンブールのトプカプ宮殿で客人を迎えている様子。

帰還の世紀（1820－1917年）

19世紀になると、この雰囲気は荒々しくかき乱された。1799年に短期間、ナポレオンが聖地を訪れてから、1898年にドイツの皇帝ウィルヘルム2世がエルサレムに仰々しく入城するまで、宗教と政治の両方の理由から、西洋の人々はますます聖地に夢中になった。

1820年頃から突然に、対立し合う無数の利益団体が聖地にやって来るようになった。例えば考古学者や歴史家は過去に目を向けており、理想主義を掲げる宗教家は「預言的な」希望に燃えて、未来に目を向けていた。また多くの難民や入植者は、現在を生き延びることにのみ目を向けていた。この者たちは、わが故郷と呼びたいと願っていた土地で平穏に暮らすことだけを考えていた。

エルサレム自体が変貌しようとしていた。1800年には、「取るに足らない田舎町」にすぎなかったのに、1900年までには、「文化と霊性との中心地として発展し続け、世界中から人々を惹きつける」(Ben Arieh, p. 400)ようになっていた。しかし、こうした膨張には犠牲が伴ったし、最終的には対立や衝突が起きる可能性が増えることも意味した。

流れ込む訪問者たち——ユダヤ人とキリスト教徒

1830年代になると、東方世界への旅はかなり容易になった。それは短期間ではあるが、エジプト人のパシャであるムハンマド・アリがオスマン帝国からパレスチナの支配権を獲得し、親ヨーロッパ的な政策を採り始めたからである。訪問者が怒濤のように流れ込んできて、ほんの短期間だけ訪問する者もあれば、長期にわたって滞在する者もいた。

その中には、エルサレムに住みたがっている多数のユダヤ人もいた。こうして旧市街のユダヤ人人口は1800年の約2,250人から、1870年の約11,000人にまで増加した。その間に、イギリス政府はパシャから許可を得て、中東で初めてのプロテスタント教会を建設した。これは領事館のための礼拝堂で、1849年にようやくクライスト・チャーチが奉献された。

当然のことながら、キリスト教の宣教師もやって来た。1800年代初頭に、多くの宣教団体（おもにイギリスで）が発足した。この中には、特にユダヤ人の間で働くことを重視する団体もあった。こうした団体はエルサレムに、学校や医療伝道の拠点となる病院を創設し、病院は素晴らしい医療とケアを提供した。しかしユダヤ人からの反応は、まったく落胆させた。それで次第に、ある宣教団体ではやり方を変えて、伝統ある教団（特にギリシャ正教）に属している地元のキリスト教徒を暖かく迎えるほうに重点を移すようになった。そして地元の人を自分たちの新しい集会に誘って、現代的な形式を持つプロテスタントの礼拝をささげた。

このような新たな機会を捉えて、1841年にイギリス政府とプロイセン政府は賢明な作戦を考え出した。すなわち聖公会とルター派が合同して、エルサレムの教区を管理することであった。最初の主教はユダヤ人でもあるマイケル・アレクサンダーで1842年にエルサレムに来て、3年後に死んだ。2代目の主教はルター派のサミュエル・ゴバで、1879年に死ぬまでエルサレムで働いた。

同様に、1847年には教皇がラテン・エルサレム総大司教を配置し、ロシア正教はエルサレムに代表団を組織した。西洋の列強はみな、この地域に対して

上：神殿の丘に向かい北東を見た眺め（1900年頃）。ロビンソン・アーチの土台部分（1838年ロビンソンが確認）は、植物に覆われ見えづらいが、現在は町の道路が発掘されて1世紀当時の高さになり、その道路の上に出ている。

左：ダビデの町を西に、イエスの時代の上町（シオンの丘）まで見渡したところ。新たに建設された永眠教会（1910年頃）も見える。

下：キデロンの谷を北に向かって見上げる。オフェルの丘とアラブ人の村シルワン（右側）に挟まれている。

政治的な関心を抱くようになり、しばしば聖職者を任命したりした。だが例外もあった。フランス政府は聖職者を任命しなかった（1792年のフランス革命戦争に、教会に反対する性質があったことに明らかに影響されている）し、アメリカの長老教会の宣教団はベイルートに注目していた。

上：西の壁で祈るユダヤ人男女。このヘロデの時代の石（神殿の丘の高台を支えている）が民家から数メートルしか離れていなかったということに注意。

右：シオンの丘から北東に神殿の丘（左）が見え、また下町の方はその先にオリーブ山が見える。

観光客と芸術家

それから観光客が来た。聖地を訪れた多くの人が、皆を啓発する旅行記を書いた。芸術家は聖地を彷彿させる絵画を送ってきた（デイヴィッド・ロバーツの著名な作品を参照。140-141頁）。聖地を描いた最初の絵画は、聖書を読む者にいつまでも心に残る印象を与えた。以前には、自分の想像力に頼って聖書の風景を思い描いていたからである。

しかし多くの人は、自分で聖地に行って自分の目で確かめることにこだわった。1869年にトーマス・クックという企業心の旺盛なイギリス人のバプテスト信者が、エジプトとパレスチナに行く旅行を企画すると、最初の5年間で450人が聖地を訪れ、それに続く18年間には12,000人以上の人が聖地を訪れた。会社の評判は高くなり、1882年には、ヴィクトリア女王の息子アルバート（皇太子で後のエドワード7世）が、自身も1862年に聖地を訪れたが、今度は2人の息子に、トーマス・クック旅行代理店のみの安全管理のもとに、エルサレム旅行をさせたいと要望するほどだった。エルサレムは今や、良家の師弟が行う「グランド・ツアー」で訪れる場所の1つとなった。

他にも著名な訪問者がいた。例えば1883年には、イギリス陸軍大将チャールズ・ゴードン（イエスの磔刑はエルサレム旧市街の北にある「エレミヤの洞窟」でなされたと強く主張した）が来た。またアメリカの作家マーク・トウェインも来て、その滞在記を『無邪気な外遊記』（1869年）に記している。トウェインの辛辣な頓知を読めばすぐわかるように、トウェインはいい印象は受けなかった。エルサレムは「悲しげで、陰気で、生気がない」、また「ぼろ、悲惨、貧困、汚れ」でいっぱいだった。

上：シオンの丘斜面の初期の発掘で、状態の良い1世紀の階段が発見された（イエスと弟子たちが最後の晩餐の後でキデロンの谷とゲツセマネへ下っていく際に使った可能性が高い）。

聖書愛好家と発掘者

聖書学者と考古学者もやって来た。初期の1人エドワード・ロビンソン教授（ニューヨークのユニオン神学校）もそれほど感銘を受けなかった。1838年に訪問した後、ロビンソン教授の結論によれば、いわゆる福音書の舞台とされている場所の多くが、歴史的に間違っているとのことだった。誤った伝承に基づいて同定されていたり、さらに悪い場合には、「敬虔を装った欺瞞」に基づいていた。

1848年には、ジェイムズ・ファーガソンという建築家が、十字軍は聖墳墓教会を誤った場所に建てたのではないかと疑い、カルバリはイスラム教の岩のドーム（1850年代以降、イスラム教徒以外の訪問者にも公開されている）の下にあると推定した。おそらく、この建物は本来、キリストの墓の上に建てられた、コンスタンティヌスのバシリカではなかったのか。こんな奇妙な推測ができたのは、ファーガソン自身がエルサレムを一度も訪問したことがなかったからこそ可能だったのだ。にもかかわらずファーガソンはパレスチナ実地調査基金（PEF）を設立した。PEF は季刊報告書を発行して、考古学上の発見を公表する重要な経路の1つになった。

ファーガソンの得意の学説は、チャールズ・ウォレンによってすぐに退けられた。皮肉なことに、ウォレンは1867年に PEF から派遣されて、神殿の丘地域を調査したのだった。エルサレムでなされた他の重要な考古学的な業績には、シオンの丘の発掘（1874、1894年）、ベテスダの池の発見（1888年）、チャールズ・ウィルスンが行ったエルサレム市の詳細地図作成のための調査（1869年以降）がある。

右：旧市街のアルメニア人居住区。遠くに見えるヤッフォ通り（左上）に沿って新たに建設された建物がある。

下：ダマスコ門近くの城壁から北西を眺めたところ（1911年4月）。ノートルダム・センター（左上）など、19世紀後期に行われた広範囲の開発を見ることができる。

窮屈な状態

旧市街の人口が、今までにないほど増えるのは避けられなかった。住民総数は1800年の約9,000人から1870年の約27,000に増加した（このうちキリスト教徒はおよそ3分の1）。それから大量の巡礼者がいた。キリスト教徒の共同体は、各自の建物を建設していたので忙しかった。聖アンナ教会（1860年にフランス政府が改装）、オーストリアン・ホスピス（同1860年）、エッチェ・ホモ・コンヴェント（1868年）、カトリック教徒巡礼者のためのサン・サルバドルの近くの増設施設（1870年）、そしてグランド・ニュー・ホテル（1880年代にヤッフォ門の内側にギリシャ正教会が建てた）などである。はっきりとした補修も幾つかなされた。1868年に公衆便所が設置され、城壁にはさらに多くの門が造られた――糞門（1853年）、ヘロデの門（1875年）、新門（1890年）である。しかし、まだ何かが足りなかった。

そこで優れたユダヤ人慈善家モーゼス・モンテフィオーレがユダヤ人の同胞を励まして、城壁の外側に住むように促した（モンテフィオーレの救貧院は1857年から入居できるように準備されていた）。するとすぐに、特にエルサレム市の北西側に無数の建物群が現れた。この地域のヤッフォ街道の両側には、まもなく（1879年までに）9箇所を下らない数のユダヤ人地区ができた。そこには、ロシア正教会の巡礼者のために、広大な施設が建造され、その中には大聖堂もあった（1860-1864年に完成）。またエチオピア教会（1887年）、ノートルダム（1885-1904年に、フランスの聖母被昇天修道会の信者が建設）もある。その一方で、ダマスコ門から北へ向かって開発予定地が伸びていて、そこには「園の墓」の施設（1867年に墓が発見された後、1895年以来イギリスの慈善信託が所有）や、聖公会の聖ジョージ大聖堂（1898年に奉献）、フランスのドミニコ会の施設であるエルサレム・フランス聖書考古学学院も含まれる。学院には、再建された聖ステパノ教会（聖エチエンヌ教会。5世紀のバシリカの輪郭に沿って建てられ、1900年に奉献された。110頁参照）も含まれる。

入城と統治

1880年以降は、変化の速度はますます速くなった。ますますはっきりと感じ取れるように、この広大な地域に拡大した都市には、多様な少数派が割拠していて、その利害関係も明らかに対立しているのに、オスマン帝国による統治ではあまりにも弱すぎて、この不安定な状況を扱うことはできなさそうだった。「ボスポラス海峡の病人」（オスマン帝国の統治は一般的にこういわれていた）は、どれくらい長く生き延びるだろうか。

この世紀の終わりに、皇帝ヴィルヘルムがルター派の贖い主教会の奉献式に参列したことには、何か象徴的なものがあったかもしれない。馬車に乗った皇帝の一行を旧市街に入れるためには、まったく新しい門（古いヤッフォ門に隣接して）をうがたなければならなかったからである。西洋の列強と西洋の宗教団体みな、躍起になってエルサレム内に入りたがり、エルサレムを自分の支配下に置きたがった。しかし誰が最初にうまく城壁を突破するのだろうか。またうまく突破したとして、他の誰かと褒賞を分け合うのだろうか。

右：1891年に宗教改革記念日の10月31日の奉納に備えて建設中の、ルター派の贖い主教会の塔。

下：1898年ヴィルヘルム2世（ドイツ皇帝、1888-1918年）のエルサレム訪問。

下：オリーブ山にコンスタンティヌスが建てたエレオナ教会（110頁参照）の準備発掘作業は、主の祈り教会の建設の前に行われた（第一次世界大戦があったため完了しなかった）。

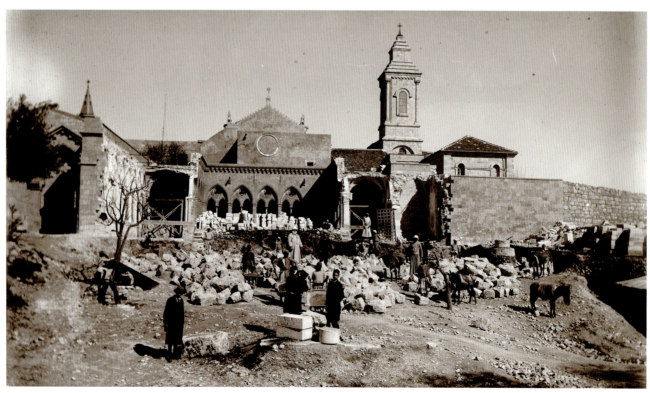

イギリスの委任統治

20年のうちに、ヨーロッパの別の強国イギリスが、あの新しいヤッフォ門を通って入場し、エルサレムを統治すると宣言した。イギリス軍の司令官アレンビー将軍がエルサレムに入城し、要塞の石段の上に立って式典を主宰したのは、1917年12月の暖かい、晴れた日のことだった。将軍の随員の中にはT・E・ロレンス（アラビヤのロレンス）もいた。ここ数年、ロレンスはたゆむことなくアラブ諸部族の側に立って働き、アラブ諸部族を励まして、イギリスと連合軍とを支持するように促した。ロレンスは大きな希望を抱いており、イギリスがパレスチナにいるならば、素晴らしいことを成し遂げてくれるだろうと思っていた、またエルサレムにおけるその日を「あの戦争の中で最高の瞬間」と述べた。

新しい外国勢力

こうしてちょうど400年に及ぶオスマン帝国のパレスチナ統治は、静かに、そして当然のことながら、論争の余地なく終焉を迎えた。長期にわたるイスラム教徒の支配の間、

右：聖墳墓教会の外にいる巡礼者。

下：イギリスの委任統治布告を読むアレンビー将軍（1917年12月11日）。

ユダヤ人とキリスト教徒は、個人として考えるにしても集団として考えるにしても、自分には政治的な力はない、と実質的に認めていた。しかし19世紀の間、両者とも聖地の将来について鋭い関心を示すようになったので、イスラム教徒の統治が終わったら、誰が次にバトンを受け継ぐのか、と知りたがったことだろう。まずはキリスト教徒がバトンを引き継いだ。しかし順を追って、バトンはユダヤ人の手に落ちることになる。

　しかし再び、地政学という広い世界の中で、聖地は操られるだけの駒になってしまった。第一次世界大戦のとき、ドイツ皇帝ヴィルヘルムの閣僚はオスマン帝国を説得して、ドイツ側に味方させた。ドイツ側が敗北すると、褒賞は勝利者の手に落ちた。1919年のヴェルサイユ条約後、フランスはレバノンの委任統治権を、イギリスはパレスチナの委任統治権を獲得した。

上：エルサレム上空のドイツ飛行船グラーフ・ツェッペリン（1931年4月11日）。

避けられない緊張関係

しかし、はるか数千キロも西方にある国々から押しつけられたこの統治は、いったいどれほど持ちこたえられるのだろうか。20世紀が過ぎる中で、こんな途方もない権利を主張する帝国に対して、時代の流れが鋭く対立するようになろう——各地域のナショナリズムが標準となってくるからである。ここパレスチナでもほどなく、地元に住む人々が自分自身の統治権を要求するようになった——この際には、最近やって来た入植者であろうと、何世紀も住み続けている居住民であろうと、関係がなかった。この観点から見るならば、イギリス委任統治の時代（1920-1948年）は、一時しのぎの時期ともいえ、聖地に居住するユダヤ人とアラブ人の両者が必然的に衝突するのを遅らせることができた。

右下：「小さき村ベツレヘム」（1920年代後半）。中央奥に降誕教会の塔が、遠く地平線上にはヘロディウム（76頁参照）が見える。

下：ベツレヘムの降誕教会の外に集まるキリスト教の聖職者たち（1930年頃）。

1920年までに、パレスチナの人口統計は、50年前と比べると劇的に変わった。国際連合の報告によれば、総人口は700,000をちょうど超えた。このうち約76,000人がユダヤ人で、約7,7000人がキリスト教徒（このほとんどがアラビヤ語を話し、おもにナザレ、ベツレヘム、エルサレムに住んでいる）である。他の土地からやって来たアラブ人もいるにはいたが、人口が急増した最大の原因はユダヤ人の移民だった。ユダヤ人が（おもにヨーロッパから）「都上り」と称して、エルサレムへ来たからだった。エルサレムはユダヤ人の「父祖の地」である。やって来る移民の数は毎年着実に増え続け、ヨーロッパで反ユダヤ主義の風潮が高まると、さらに増えることになる。

シオニズムの夜明け

第1回シオニスト代表者会議（1897年にスイスのバーゼルで開催）が開催される前から、ユダヤ人がアフリカか南アメリカに独立国家を建設してはどうかという議論もなされてきた。しかし、パレスチナがまもなく明らかな選択肢として現れてきた――聖書的な響きがあったからである。そうはいっても、ユダヤ人入植者の第一世代の圧倒的多数は、おもに政治か実際上の理由によって心が動かされたようで、それほど厳密に宗教的な理由があったのではなさそうである。この点について、正統派ユダヤ教徒には、どんなものであれイスラエル国家はメシヤの手を通してのみ実現するのであって、普通の政治的または社会的な出来事を通して実現するのではないと考える傾向があった。それゆえに、聖地に定住するための重労働は、「自由主義的」なユダヤ人、あるいは「世俗的」だと告白しているユダヤ人に任された。

実際、それは重労働だった。多くの土地が不毛だった――不在地主が開墾せずに放っていたからである。フラ渓谷（ガリラヤ湖の北にある）とは、低地に広がる湿地帯で、絶えずマラリアがはやる危険があった。しかし数年越しで、最終的にはオーストラリアから移植したユーカリの木が水を吸い上げてくれたので、土地は徐々に、苦労しながらも干拓された。キブツ（あるいは集団農場）が、全土で発足し、土地を開墾するという重労働を励ました。荒野の端の乾燥した地域に設立されたキブツもあった。一方で、1909年には（海岸で行われた公共会議で）テルアビブが設立され、あっという間に急成長した。ほかの海岸沿いの都市（ハイファやアシュケロン）も後に続いた。

アラブの反応

19世紀の大半を通して、ユダヤ人とアラブ人の関係はかなり良好だった。しかしイスラム教を国是とするオスマン帝国の統治が終わると、特にイスラム教徒はユダヤ教徒の集団の中にあるこの再起能力を、ますます意識するようになった。この力はどこへ向かうのか。一方では、勤勉な移民がやって来るのは歓迎するのだが、他方では、自分のものだと思っている聖地を一歩一歩徐々に侵略していくのを見るのは別のことだった。

1920年代に、政治的な暴動が何度かあったのも、おそらくは驚くに及ばない。アラブ人は、この株式の公開買い付けのような行動に対して抗議を始めた。イギリス軍は軍隊を投入して、暴徒を鎮圧しなければならなかった（特に1920と1929年）。その後、事態は悪化の一途を辿り、1936年と1937年には、アラブ人の大規模な反乱があった。それから第二次世界大戦という試練が訪れ、ホロコーストという恐ろしい現実が起こったので、ユダヤ人難民のために安全な避難所を設ける必要も出てきた。パレスチナの中で煮えくり返るるつぼは、今にも噴きこぼれそうだった。1946年に、キング・デイヴィッド・ホテル爆破事件（ユダヤ人の準軍事集団であるイルグンが首謀）によってイギリスの政府高官が殺害されると、もはや事態は明らかに、イギリスの手に負えなくなっていた。1947年にイギリスがパレスチナから撤退する意思を表明したのも、驚くにあたらない。

次にどうするか、国際連合は決めなければならなかった。ひとたびイギリスが立ち去ったからには、明らかに（あるいは当事者はそう思われた）統治権は2つの独立国家、すなわちユダヤとアラブに与えられるべきである。最終的に分割統治案（1947年11月）では、ユダヤ人（当時、聖地の10%を所有していた）に「パレスチナ委任統治領」の54%ほどを与えることになった。しかし、この土地（ネゲブからエイラットまでに及ぶ）の多くが荒野であるとはいえ、アラブ人にとっては、この割合は多すぎるように思えた。アラブ人は、今でも人口の65%を占めていたからである。

左上：ヤッフォ門の外でアラブ人のデモ参加者を取り調べるイギリス兵（1938年）。

左下：1930年代、ヤッフォ通り近くで起こった爆発。

下：ガーディアン号に乗った2,700人の「非合法」ユダヤ人移民。ハイファで最終的に上陸できるのを待っている（1947年4月）。

イギリスの撤退

結局、またおそらく当然のことだが、事態は外交では解決しなかった。ユダヤ人もアラブ人も互いに武装して、イギリスが去るのを待っていた——それは1948年5月14日金曜日深夜に予定されていた。同日のまだ早いうちに、エルサレムの官邸からイギリスの国旗が厳かに降ろされ、高等弁務官は安全に護衛されて行った。同日午後、テルアビブの一室で、ダヴィド・ベン＝グリオンがイスラエル独立国家の創立を宣言した。数時間のうちに、聖地全土で武力衝

右：1932年のキング・デイヴィッド・ホテル（手前）とYMCA、向こう側の「西の」エルサレムにまばらに建つ建物。

下：緊張が高まる中でもアラブ人とユダヤ人は1940年代まで旧市街の通りを共有していた。

突が始まった。やがて70万人のアラブ人が命からがら家を逃げ出した（エリコに行く者もあれば、ヨルダンやレバノンに行く者もいた）。こうして、捨てられた400以上の町や村がイスラエルの手に落ちた。ついに停戦になったときには、聖地の78％がイスラエルの領土内に入っていた。残された地域には、ガザ地区（エジプト人に領有された）とヨルダン川西岸地区が含まれ、後者は今やヨルダンの統治下に入った。

しかしきわめて重要なことに、このヨルダンの統治領には、エルサレムの旧市街が含まれていた。イスラエルは西エルサレムを支配したにすぎなかった。その結果、所有者のいない細い土地ができて、都を二分した。この「緑地」には、旧市街の城壁にそのまま接している部分があったので、幾つかの城門は閉鎖されることになった。

エルサレム入城

こうした城門の1つがあのヤッフォ門で、ちょうど50年前に、交通の便を図るために開削されたのだった。この門が次に開かれるのはいつか。そのときは、誰がエルサレムを統治するのか。そしてひとたびエルサレムに入城したならば、統治者はこの美しい褒賞、すなわち聖地の中央にある王冠ともいえる珠玉の都を、エルサレムをめぐる果てしない戦いの中で敗北した人々と、どのように共有するのだろうか。それが問題である。

ヤド・ヴァシェム（ホロコースト記念館）。失われた子ども1人1人のための蠟燭の光……

それから……

その年、つまり1948年以来、あまりにも多くのことが起こった。長大な、時としてゆっくりと進んできた聖地の物語は、現在めまぐるしい速さで展開している。聖地をテーマとする書籍は、毎年出版されている。歴史とは、日々作られていくからである。

20世紀、人類は数多くの衝突を繰り返し、苦痛を味わった。2つの世界大戦や、ホロコーストなどの大量虐殺もあった。聖地は、この苦痛を免れていないばかりか、むしろ世界じゅうの病理の縮図ともいえる。果てしなく続く衝突の舞台ともなっている。この衝突には、平和に仲良く暮らすことができないという人間の哀れな本性が映し出されている。

この衝突には、おもに2つのグループが関わっている。両者とも長い歴史があり、大きな希望を持っている。両者は小さな土地を巡って、いつ終わるとも知れぬ争いを続けている。双方ともに、この土地の歴史は宗教的にも政治的にも大きな意味があり、将来への希望はこの土地にかかっ

ている。

　この地に居続けるための戦いが繰り広げられ、お互いに他方から独立したいという願いがあった。この戦いでは、多くの深い傷を負わせたり、負ったりした。悲劇が1つ起こるたび、悲惨な状況がさらに悪化していった。このような状況では、勝者がいるとしても、それはごくわずかだろう。いるのは犠牲者ばかりなのだ。

　この衝突の中心にあるのがエルサレムである。エルサレムはヘブル語で「平和の町」を意味する。しかしイエスがこの町のことを思って泣きながら語った言葉によれば、「イェル・シャライム」は、当時も現在も「平和のことを知」らない町であるようだ。エルサレムには果たして、その名が約束しているような状態が訪れるのだろうか。

　エルサレムはさらに、林立する建造物が示すように（ミナレットや塔、シナゴーグや教会やモスク）、異なった信仰を持つ人々にとって、それぞれの歴史的意義を持っている。ユダヤ人もイスラム教徒もキリスト教徒も同様に、それぞれの視点から、この町の過去を振り返っている。そしてこの町の未来に、希望を抱いている。この希望が、異なった物語によってもたらされたものであるため、それが衝突の原因となってしまっている。このような見解の相違は、どのように解決することができるのだろうか。

下：日が昇ると、人々は祈るため西の壁に集まる（奥にはオリーブ山の上の教会群が見える）。

このような状況には、悲観的な見通しをする以外になく、絶望的とすら思われるかもしれない。しかしそれが、この聖地の長い歴史を概観してきた本書から導き出される最終的な教訓なのだろうか。

　私たちは、物語の最初の地点に立ち戻るべきである。アブラハムに戻り、アブラハムの信仰と行いを再検討することによって、新たに歴史を始めるのである（アブラハムこそ、一神教を掲げる3つの宗教において支持されている人物である）。

　アブラハムはこの地で、神への信仰という目を通し、将来への希望という心構えをもって、東西南北を見渡した。アブラハムが信じたのは、この地が約束の成就する場所であり、歴史的運命の場所であり、神が活動する場所であるということだった。この地は、全世界に多くの祝福を送り出す場所なのである。この点について、アブラハムが間違っていたと、誰が言えるだろう。

　一方でアブラハムは、この畏れ多い地において適切に行動しようと努めた。墓所となる土地を、住民に代価を払って購入したことは、その一例である（創世23章）。この地が「聖地」となるべきならば、アブラハムも、またその後の住人たちも、より「聖」となることが求められただろう。「聖」であることが減じられてはならないのである。

　はるか未来において、この地がどのような状態になっているか、きっとアブラハムも思い巡らしたのではないだろうか。

この「約束の地」に、いったい何が起こるのだろうか。
　そしてこの物語はどのように終わるのだろうか、と。

今日この地を見渡す私たちにも、同じ問いが突きつけられるのではないだろうか。西を見ればテルアビブがあり……

北にはナザレ……

東にはナブルス……

そして中央にはエルサレムがある。

場所によってきわめて著しい対照を見せるこの地を見渡す者は、こう問わざるをえない。
この長い期間にわたる壮大な物語は、どのような結末を迎えるのだろう。

聖地の物語は……

FOR FURTHER READING

Y. Aharoni, *The Land of the Bible: A Historical Geography* (London: Burns & Oates, 1967; revised 1979)

M. Avi-Yonah, *The Jews of Palestine: A Political History from the Bar Kokhba War to the Arab Conquest* (Oxford: Clarendon, 1976)

Y. Ben-Arieh, *Jerusalem in the 19th Century: The Old City* (Jerusalem: Ben Zvi, 1984)

J. Bright, *A History of Israel* (3rd edn, Philadelphia: Westminster Press, 1981)

M. Gil, *A History of Palestine, 634–1099* (Eng. trans. from Hebrew, Cambridge: Cambridge University Press, 1992)

O. Grabar, *The Shape of the Holy: Early Islamic Jerusalem* (Princeton: Princeton University Press, 1996)

K. A. Kitchen, *On the Reliability of the Old Testament* (Grand Rapids: Eerdmans, 2003)

L. I. Levine, *Jerusalem: Portrait of the City in the Second Temple Period* (538 B.C.E. – 70 C.E.) (Philadelphia: Jewish Publication Society, 2002)

A. Millard, *Treasures from Bible Times* (Tring: Lion, 1985)

S. S. Montefiore, *Jerusalem: The Biography* (London: Orion, 2011)

J. Murphy O'Connor, *The Holy Land: An Archaeological Guide* (5th edn, Oxford: Oxford University Press, 2008)

J. Prawer, *The Latin Kingdom of Jerusalem: European Colonialism in the Middle Ages* (London: Weidenfeld & Nicholson, 1972)

S. Runciman, *A History of the Crusades* (3 vols, Cambridge: Cambridge University Press, 1951, 1952, 1956)

P. W. L. Walker, *Holy City, Holy Places? Christian Attitudes to Jerusalem and the Holy Land in the Fourth Century* (Oxford: Oxford University Press, 1989)

P. W. L. Walker, *Jesus and the Holy City: New Testament Perspectives on Jerusalem* (Grand Rapids: Eerdmans, 1996)

P. W. L. Walker, *In the Steps of Jesus: An Illustrated Guide to the Places of the Holy Land* (Oxford: Lion Hudson, 2006)

R. T. Wilken, *The Land Called Holy: Palestine in Christian History and Thought* (New Haven: Yale University Press, 1992)

J. Wilkinson, *Jerusalem as Jesus Knew It: Archaeology as Evidence* (London: Thames & Hudson, 1978)

For English translations of primary texts: see Josephus, *Antiquities of the Jews* and *The Jewish War* by William Whiston (1737); see Eusebius of Caesarea, *Church History* by Kirsopp Lake (1926) and *Life of Constantine* by E. H. Gifford (1903); and see Cyril of Jerusalem, *Catechetical Lectures* by L. McCauley and A. Stephenson (1969, 1970).

Text copyright © 2013 Peter Walker
Original edition published in English
under the title:

The Story of the Holy Land

by Lion Hudson plc, Oxford, England
This edition copyright © 2013 Lion Hudson

Printed and bound in China

翻訳協力　大塚春香、中田有紀

聖書 新改訳©1970, 1978, 2003 新日本聖書刊行会

聖地の物語
──目で見る聖書の歴史

2015年11月1日発行

著　者　ピーター・ウォーカー
発　行　いのちのことば社
〒164-0001 東京都中野区中野2-1-5
電話 03-5341-6923（編集）
　　 03-5341-6920（営業）
ＦＡＸ03-5341-6921
e-mail:support@wlpm.or.jp
http://www.wlpm.or.jp/

Japanese translation copyright ©いのちのことば社 2015
乱丁落丁はお取り替えします
ISBN 978-4-264-03432-2

謝　辞

　本を1冊書き上げるのに、どのくらいの時間がかかるだろうか。ある意味で、本書の執筆期間は、私の著作の中では最も短かかった。おそらく2012年6月の終わりから10月初めにかけての実質30日ほどだったと思う。しかも移動中（オックスフォードからピッツバーグまでで、エルサレムとキプロスを経由した）だった。その間、さまざまな人々から助けと支援をいただいた。エルサレム旅行に同行してくれたティム、エルサレムで写真選びを大いに助けてくれた人々（特にジャン＝マイケル・タラゴンとガロ）、キプロスの友人たち（2011年に一緒に聖地を旅行した）、草稿に目を通してくれた人々（娘のハンナ、それからアリ、ミランダ、そしてアラン・ミラード教授）、ライオン・ハドソン社の「同僚」（マーガレット、ジェシカ、ジュード、ジョナサン）、そして特に妻ジョージーに心から感謝したい。

　しかし別の意味では、本書は今までの著作で最も時間がかかったといえる。30年前、初めてエルサレムを訪れて以来、聖地は私の関心の中心だった。ビザンツ教会の聖地巡礼者の研究に丸4年、新約聖書が描くエルサレムについての研究に3年、19世紀のエルサレムについての調査に一夏を費やし、オックスフォードでは15年以上聖書神学を教えた。そして（おそらく最も役に立ったのが）4年間連続して毎夏に、イスラエル人やパレスチナ人に会い、聖地について聖書は何と言っているかという困難な問題を一緒に検討した。この意味では、本書の執筆は30日ではなく、30年かかったことになる。本書の文字数は少ないが、これは書きたかったことのほんの一部だということだ。

　ざっと見ればわかるように、本書では1948年以降の解説が他に比して少ない。これは、企画の当初に定めた方針による。現代の写真が多数あったことと、ここ60年における問題があまりに複雑であることから、本書では近代の出来事については解説しないということにしたのである。もちろん近年の諸問題が取りに足らないということではなく、本書の目的が異なるということである。本書の目的は、聖地の長い歴史を、読みやすく、しかも短く解説することである。この詳細の多くはほとんど知られていないし、いずれの記述も、歴史を共有するための踏み切り板として役立ててもらえるのではないかと思う。そして現在の複雑な状況が突きつけてくる要求にも対峙できるようになるのではないかと思う。つまり、どのようにして未来を築くことができるかということについて、さまざまなことを知ったうえで結論を出すことができるということである。

　本書を娘ハンナと息子ジョナサン、きょうだいジェンとデイヴィッドにささげる。言葉が少なめで写真が多めの本書が、願わくは、より多くの読者に読まれ、より少ない謝罪で済みますように！

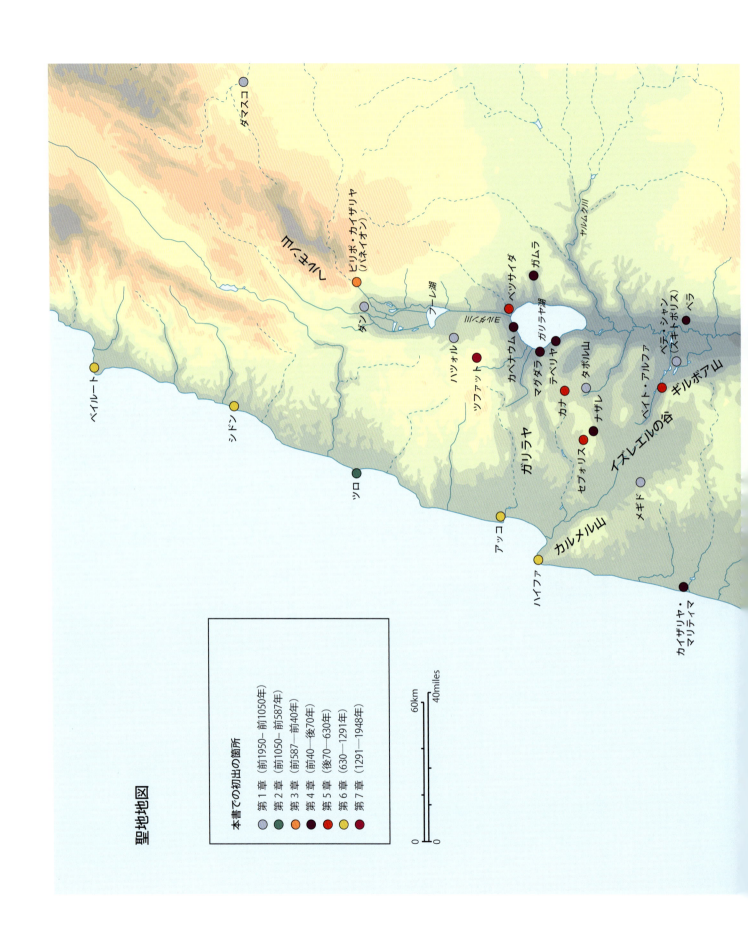

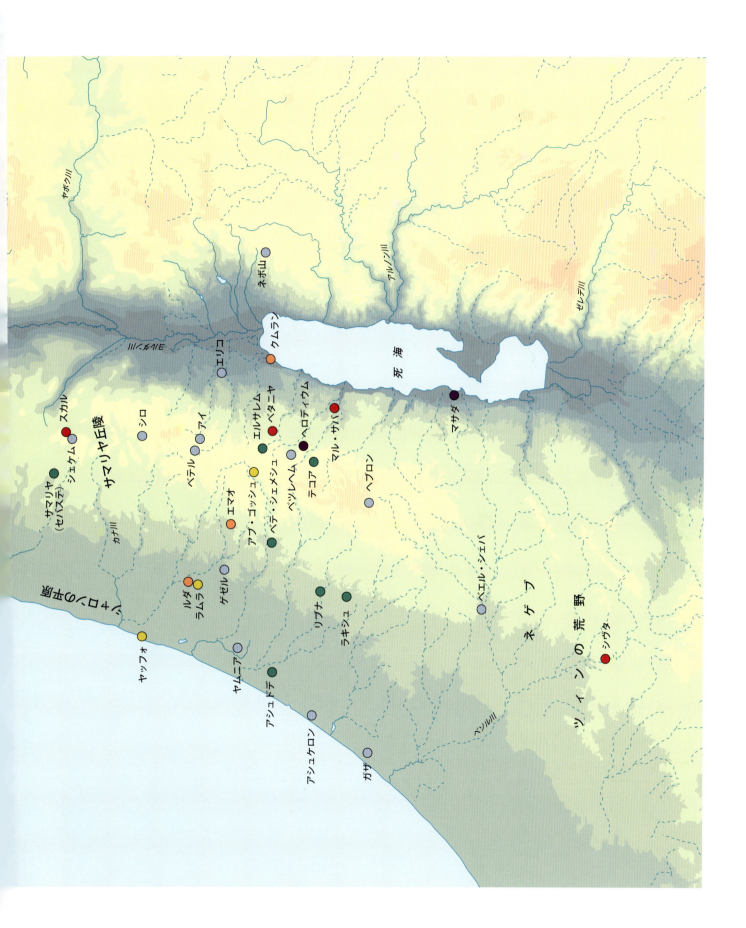

PICTURE ACKNOWLEDGMENTS

Alamy: pp. 28, 128 Israel images; pp. 40, 49b, 65tl, 80, 96m, 99t, 99b, 136 BibleLandPictures; p. 51 Eddie Gerald; pp. 60–61, 66–67 Duby Tal/Albatross; p. 64 Peter Horree; p. 78 Jon Arnold Images Ltd; pp. 122–23 LOOK Die Bildagentur der Fotografen GmbH; pp. 124–25 Dimitry Bobroff; pp. 132–33 Hanan Isachar; p. 169 Yagil Henkin – Images of Israel

Art Archive: p. 14 Jane Taylor; p. 19b Stephanie Colasanti; p. 23tr Gianni Dagli Orti; p. 55t Archaeological Museum Cividale Friuli/Gianni Dagli Orti (Hebrews weeping by the river of Babylon, thirteenth century Gothic manuscript, *Beatae Elisabeth Psalter*); pp. 82t, 83 Culver Pictures; p. 145 American Colony Photographers/NGS Image Collection

BibleWalks.com: pp. 52–53, 111t

Bridgeman: pp. 96b, 140–41

Corbis: p. 24; pp. 6–7, 80–81, 131b Richard T. Nowitz; p. 15t Michael S. Yamashita; p. 18 Archibald Forder/National Geographic Society; p. 25t Radius Images; p. 44t National Geographic Society; p. 54 Frederic Soltan/Sygma; p. 55b Ed Darack/Science Faction; p. 60 Tetra Images; p. 74 Bojan Brecelj; pp. 74–75 Nathalie Darbellay; pp. 101, 114–15 Jon Hicks; p. 105t Remi Benali; p. 142 Rieger Bertrand/Hemis; p. 148 Stapleton Collection; p. 168 Atlantide Phototravel

École Biblique: pp. 147t, 147b, 150–51, 151, 152b, 153, 155t, 156, 157, 158b, 160 own collection; pp. 146, 149t, 149b, 155b Notre Dame de France

Garo Nalbadian: pp. 58, 62, 63t, 79t, 97, 106, 106–107, 110, 113, 118–19, 119, 120t, 120b, 134t, 134b, 164–65, 170–71, 176

Getty: pp. 8–9 Planet Observer; p. 22 Travel Ink; pp. 72, 73 Michael Melford; pp. 92–93 After David Roberts (*The Destruction of Jerusalem in 70 AD*, engraved by Louis Haghe, 1806–85); p. 105b Zoran Strajin; pp. 162–63 Bill Raften; p. 166 Mark Daffey; p. 167 Gavin Hellier

Hanan Isachar: pp. 26, 29b, 36, 37t, 56–57, 85b, 98t, 108, 109, 111b, 112t, 131t

iStock: p. 133 Ora Turunen

Jonathan Clark: p. 75

Lebrecht: pp. 23tl, 66tl prismaarchivo; p. 48r Z. Radovan

Nazareth Village: p. 79b

Pantomap Israel Ltd: p. 143

Peter Walker: pp. 82b, 126

Richard Watts: pp. 174–75

Shutterstock: pp. 26–27 Peter Zaharov; p. 90t Ariy

Sonia Halliday: pp. 16t, 20–21, 38–39, 45t, 88, 102–103, 122b, 135, 136–37, 161

SuperStock: pp. 2–3 Cubo Images; pp. 4–5, 31b Hanan Isachar; p. 37bl DeAgostini; p. 114 PhotoStock-Israel/age footstock; p. 122t Christie's Images Ltd; p. 127 Spaces Images; p. 129 Robert Harding Picture Library; p. 130 Design Pics

The Garden Tomb, Jerusalem: p. 85t

Topfoto: pp. 121, 154, 158t, 159; pp. 12–13, 15b, 30, 31tr, 32, 32–33, 34–35, 41, 42–43, 44–45, 46, 47t, 47b, 48l, 49r, 64–65, 68–69, 70–71, 76, 77, 86–87, 89, 91, 94–95, 98b, 104, 112b, 116–17, 121, 138–39, 144 Duby Tal/Albatross; pp. 19tr, 59b, 144 The Granger Collection; p. 59t Spectrum/HIP; p. 84 AA World Travel Library; p. 152t Ullsteinbild; p. 173 Robert Piwko

Zev Radovan: pp. 16b, 17, 25b, 29t, 33, 37br, 50t, 50b, 63b, 65ml, 66tr, 87tl, 87br, 90b, 100